I0635241

Diplomica Verlag

Katharina Zering

Werbeplagiate

Kennzeichnung und juristische Einordnung

Zering, Katharina:
Werbeplagiate: Kennzeichnung und juristische Einordnung, Hamburg,
Diplomica Verlag GmbH

Umschlaggestaltung: Diplomica Verlag GmbH, Hamburg

ISBN: 978-3-8428-6332-3

© Diplomica Verlag GmbH, Hamburg 2011

Bibliografische Information der Deutschen Nationalbibliothek:

Die Deutsche Nationalbibliothek verzeichnet diese Publikation
in der Deutschen Nationalbibliografie;
detaillierte bibliografische Daten sind im Internet über
http://dnb.d-nb.de abrufbar.

Die digitale Ausgabe (eBook-Ausgabe) dieses Titels trägt die
ISBN 978-3-8428-1332-8 und kann über den Handel oder
den Verlag bezogen werden.

Inhaltsverzeichnis

Abkürzungsverzeichnis

4 P's	Product Price Place Promotion
Abb.	Abbildung
Abs.	Absatz
Art.	Artikel
Artt.	mehrere Artikel
Aufl.	Auflage
Az.	Aktenzeichen
B2B	Business to Business
Bd.	Band
BGH	Bundesgerichtshof
BGHZ	Entscheidungssammlung des Bundesgerichtshof in Zivilsachen
BMW	Bayerische Motoren Werke (Unternehmensbezeichnung)
BT-Drucks	Bundestagsdrucksache
bzw.	beziehungsweise
ca.	circa
d.h.	das heißt
DDB	Dane Doyle Bernbach (Unternehmensbezeichnung)
DHL	Dalsey Hillblom Lynn (Unternehmensbezeichnung)
DPMA	Deutsches Patent- und Markenamt
e.V.	eingetragener Verein
ebd.	Ebenda (wie vorgenannt)
EG	Europäische Gemeinschaft
et al.	et alii (und andere)
etc.	et cetera
EuGH	Europäischer Gerichtshof
EWG	Europäische Wirtschaftsgemeinschaft
f.	folgende
ff.	fortfolgende
GG	Grundgesetz
GRUR	Gewerblicher Rechtsschutz und Urheberrecht (Zeitschrift)
i. e. S.	im eigentlichen Sinne

i. S. v.	im Sinne von
i. V. m.	in Verbindung mit
LG	Landgericht
LGZ	Entscheidungssammlung des Landesgerichts in Zivilsachen
MarkenG	Markengesetz
MarkenR	Markenrecht
Mrd.	Milliarden
n. Chr.	nach Christus
o. J.	ohne Jahr
o. V.	ohne Verfasser
OLG	Oberlandesgericht
RGZ	Entscheidungssammlung des Reichsgerichts in Zivilsachen
Rn.	Randnummer
S.	Seite
TRIPS	Trade-Related Aspects of Intellectual Property Rights
UrhG	Urheberrechtsgesetz
UrhR	Urheberrecht
URL	Uniform Resource Locator
USP	Unique Selling Position
UWG	Gesetz gegen den unlauteren Wettbewerb
Vgl.	Vergleich
VW	Volkswagen (Unternehmensbezeichnung)
WRP	Wettbewerb in Recht und Praxis (Zeitschrift)
z.B.	zum Beispiel
ZAW	Zentralverband der Deutschen Werbewirtschaft

Abbildungs- und Tabellenverzeichnis

1. Einleitung

1.1. Problemstellung

Sie ist mit einem jährlichen Umsatz von mehr als 30 Mrd. Euro und insgesamt rund 600.000 Beschäftigten eine elementare Triebfeder der deutschen Wirtschaft.[1] Auf Bahnhöfen, in Einkaufszentren, an Litfasssäulen und Plakatwänden begegnen wir ihr. Aber nicht nur außer Haus, auch im Fernseher, Radio und Zeitschriften.

Die Werbung ist eine den Menschen stets umgebende Größe, die in noch so kleine Winkel des Alltags vorgedrungen ist.

Menschen haben schon immer geworben und werden immer werben - für sich, für andere, eine gewisse Sache oder Ähnliches. Bereits in der Bibel betrieb die Schlange bei Eva gewissermaßen werbetechnischen Aufwand, um sie zum Genuss des Apfels zu verführen.[2] Im Zuge der Globalisierung der Märkte und dem dadurch zunehmenden Konkurrenzkampf wirken immer mehr Werbebotschaften auf einen Menschen ein. Erschwerend kommt hinzu, dass die Märkte gesättigt sind und somit nur unzureichende Marktpotentiale bieten. Zusätzlich wird, auf Grund der kontinuierlich steigende Produktvielfalt und der einhergehenden zunehmenden Flut an Werbebotschaften, die Etablierung eines Alleinstellungsmerkmals (Unique Selling Position – USP) sehr schwierig. Die Herausforderung liegt somit darin, Werbekonzepte so zu gestalten, dass das *mental tune out*, d.h. das mentale Abblocken unerwünschter Kommunikation, beim Konsumenten erst gar nicht eintritt.[3] Differenzierende Faktoren und weit verbreitete Marken gelten dementsprechend als wichtige Wertetreiber in einer erfolgsorientierten Unternehmensstrategie.

Der Einsatz von originellen Werbemaßnahmen macht allerdings nicht nur den Verbraucher aufmerksam, sondern auch die Konkurrenz.

Bei Betrachtung der nachfolgenden Gegenüberstellung von zwei Werbeplakaten ist der Verdacht unvermeidbar, dass die Ähnlichkeit kein Zufall sein kann. Es ist sehr unwahrscheinlich, dass zwei Werbeagenturen unabhängig voneinander zu ähnlichen Marketingideen gelangen.

---

[1] Vgl. http://www.markenverband.de/kompetenzen/werb-und-medien/wirtschaftsfaktor-werbung, Stand 05.01.2011.

[2] Vgl. Willems, H. (2002), S. 55.

[3] Vgl. Kloss, I. (2007), S. 18 f.; Meyer-Hentschel, G. (1995), S. 13; Pühringer, A. (2002), S. 9 f.

Abb. 1: Chevrolet Lumina - The new face of endurance
Quelle: Entnommen aus:
http://www.joelapompe.net/category/print-outdoor/auto-4x4/page/3/#, Stand 20.12.2010,
Werbeagentur: Leo Burnett, Dubai (UAE),
Veröffentlichung: 2003.

Abb. 2: Volkswagen Touareg - New Touareg. More Touareg than ever.
Quelle: Entnommen aus:
http://www.joelapompe.net/category/print-outdoor/auto-4x4/page/3/#, Stand 20.12.2010,
Werbeagentur : DDB (Italy),
Veröffentlichung: 2007.

Sicherlich ist ein aggressives Vorgehen im Konkurrenzkampf unumgänglich, aber wo liegen die rechtlichen Grenzen? Inwieweit darf eine fremde Werbekampagne als Quelle für eigene Werbeinspirationen genutzt werden und wie wird der Eingriff, der über die bloße Inspiration hinausgeht, juristisch eingeordnet? Ist es überhaupt möglich, auf Grund der Vielzahl verschiedener Schöpfungen und Werbemittel (Slogan, Plakat, Werbespot etc.), diese unter Schutzrechte zu subsumieren? Und wie hoch ist die Präsenz der Problematik eigentlich bei Werbeagenturen und Endverbrauchern bzw. welchen Standpunkt nehmen diese gegenüber Werbeplagiaten ein?

1.2. Zielsetzung und Gang

Zielsetzung dieses Buches ist es, neben der Beantwortung der zuvor aufgeführten Fragen, das Werbeplagiat entsprechend seiner Intention juristisch einzuordnen. Zudem liegt der Fokus - einhergehend mit der Präsenz der Problematik des Werbeplagiats beim

Konsumenten und bei Werbeagenturen - in der Aufklärung der These, dass Werbeplagiate lediglich ein Problemphantom sind.[4]

Die Ausarbeitung ist so strukturiert, dass sie zunächst eine Verständnisgrundlage zur Thematik schafft, indem das Plagiat und die Werbung mit jeweils einem vorangestellten geschichtlichen Abriss begrifflich bestimmt werden.

Das Kapitel 3, welches zusammen mit Kapitel 4 den Schwerpunkt dieser Untersuchung bildet, stellt die möglichen Schutzrechte der Werbung dar. Dafür werden dem Leser das Urheberrecht, Markenrecht und das UWG in ihren Grundzügen sowie deren Voraussetzungen erläutert, um eine Basis für die Subsumtion einzelner Werbemittel zu schaffen. Den Abschluss dieses Kapitels bildet die Darstellung der Rangverhältnisse zwischen den ausgewählten Immaterialgüterrechten. Darauf aufbauend folgt die Einordnung des Werbeplagiats unter die möglichen Schutzrechte der Werbung.

Das sechste Kapitel bietet zur Veranschaulichung der Thematik eine umfassende Analyse zweier Beispieltatbestände, die zunächst den Anschein erwecken alle Voraussetzungen für ein Werbeplagiat erfüllt zu haben. Im Anschluss wird der Präsentationsschutz von Werbekonzepten, als eine Möglichkeit der Prävention von Werbeplagiarismus, herangezogen.

Schließlich beantwortet Kapitel 7 mit Hilfe von Studienbetrachtungen die Frage welchen Stellenwert Werbeplagiate beim Endverbraucher und bei Werbeagenturen einnehmen.

Abschließend werden die gewonnen Erkenntnisse zusammengefasst (Kapitel 8) und Perspektiven aufgezeigt (Kapitel 9).

Bei der Formulierung sind im gleichen Maße Frauen und Männer angesprochen. Der Verzicht auf geschlechtsspezifische Differenzierung soll allein der besseren Lesbarkeit dienen.

---

[4] Vgl. Schünemann, W. B. (1989), S. 111.

2. Grundlagen der Thematik

2.1. Das Plagiat

Der Begriff *Plagiat* stammt von dem römischen Dichter Marcus Valerius Martialis (42 bis 104 n.Chr.), der den Dichter Fidentinus als plagiarius bezeichnete, weil dieser Gedichte des Martialis übernommen hatte.[5]

Ein Plagiat (lat. Plagium *Menschenraub*, gr. plágios, *unredlich, hinterlistig, versteckt*) wurde in älteren Schriften auf Zitate und Entlehnungen ohne Quellenangabe beschränkt. Nach heutiger Betrachtung stellt der Begriff zwar keinen feststehenden juristischen Ausdruck dar, wird aber als vollständiger oder teilweiser geistiger Diebstahl fremder Leistungsergebnisse verstanden. Ein Werk wird somit zum Plagiat, wenn der Plagiator die Position des Begründers vorgibt, indem er die Quellenangabe bei einer sonst erlaubten Benutzung des Werkes unterlässt.[6] Ziel dieser sklavischen Nachahmung ist es möglichst originalgetreu zu fälschen.

Durch die Fälschung von Unternehmensbezeichnungen, Marken oder Logos werden auch Markenrechte verletzt. Eine Methode ist die Vertauschung von Buchstaben innerhalb der Unternehmensbezeichnung, die es dem Nachfrager insbesondere erschwert von Original und Fälschung zu unterscheiden. Die nachfolgende Abbildung zeigt den Buchstabentausch von SHARP zu SHRAP.

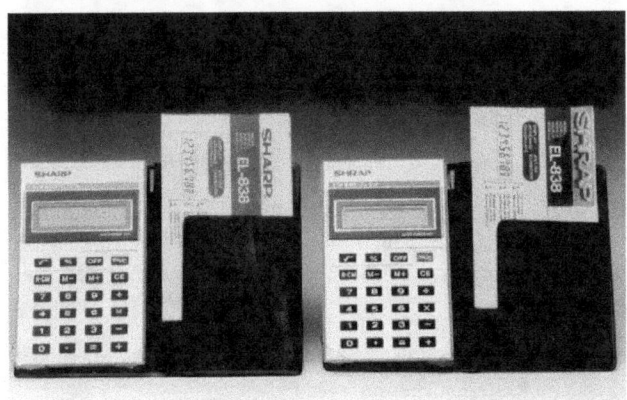

Abb. 3: Markenpiraterie SHARP
Quelle: Entnommen aus:
http://www.igd.fhg.de/idb/security_day/sd07_content/07_Christine_Lacroix_Plagiarius.pdf, S. 7, Stand 20.12.2010.

---

[5] Vgl. *Dreyer* in Dreyer et al. (2009), S. 439.
[6] Vgl. Brockhaus Enzyklopädie (2006a), S. 527; Köbler, G. (1995), S. 307.

Hierbei wird der Kunde in seiner Wahrnehmung getäuscht, weil diese unterschwellig eine Assoziation zu dem namhaften Elektrohersteller herstellt und somit der Buchstabentausch nicht erkannt wird. Diese vorsätzliche Verletzung gewerblicher Schutzrechte wird auch als Markenpiraterie bezeichnet.

Generell ist die Terminologie im Bereich der Verletzung von Immaterialgüterrechten nicht eindeutig voneinander abgegrenzt. Begriffe wie Fälschung, Imitation, Plagiat und Raubkopie werden weitgehend synonym verwendet. Für die nachfolgende Betrachtung ist die detaillierte Differenzierung aber auch nicht ausschlaggebend.

Allerdings ist die Differenzierung zwischen Plagiat und Neuschöpfung, auf Grund des fließenden Übergangs, problematisch. Albrecht Schneider veranschaulicht dies in folgenden Worten:

„Wo ein vorhandener Gedanke nicht durch ein echtes seelisches Filter des zweiten Autors geht, wo nur der Eindruck eines Kunstwerks, gewissermaßen, wenn auch mit anderen Worten und anderen Darstellungsmitteln, nur rückgespiegelt, wiedergegeben wird, wo das spätere Werk nur ein Mondlicht gibt, dort liegt ein echtes Plagiat vor; wo aber der gleiche Stoff Gegenstand eines zweiten Werkes wird, er aber, ... , in der Glut der Seele eines echten Künstlers umgeschmolzen wurde und von ihm mit neuen Impulsen versehen wieder hinausgesendet wird, dort liegt, bei aller äußeren Ähnlichkeit mit dem Vorwurf kein Plagiat, sondern aber eine echte Neuschöpfung, eine erlaubte Verwendung des früheren Werkes vor."[7]

2.2. Die Werbung

2.2.1. Begriffsbestimmung

Das Wort *Werbung* hat seinen Ursprung in dem althochdeutschen Verb *hwerban*. Das Verb hatte die Bedeutung *sich drehen, sich umtun, sich bemühen* und wurde früher meist in dem Zusammenhang *um eine Frau werben* oder *zum Militärdienst (an)werben* verwendet. Seit dem 20. Jahrhundert wird der Begriff im Sinne des *Kunden werben* gebraucht und verdrängt das bis dahin gebräuchliche Wort *Reklame* (frz.: *réclamer: ausrufen, anpreisen*).[8]

In der wirtschaftswissenschaflichen Literatur begegnet man einer Vielzahl von möglichen Definitionen, die aber im Kern ähnliche Aussagen treffen.

Ausgangspunkt für die nachfolgenden Definitionsversuche des Begriffes Werbung bilden die Werbeforscher Rudolf Seyffert und Edmund Lysinski. Im Jahre 1920 definieren sie Werbung als die „ ... organisierte Anwendung von Mitteln zur Massen-

---

[7]   Schneider, A. (1959), S. 60.

[8]   Vgl. Brockhaus Enzyklopädie (2006b), S. 741; Pühringer, A. (2002), S. 3.

beeinflussung von Menschen, in freier Entschließung sich einen dargebotenen Zweck zu eigen zu machen, und sich durch ihn bestimmt an seiner Verwirklichung mitzubetätigen"[9].

Karl Christian Behrens (Begründer der wissenschaftlichen Marktforschung und der Werbelehre in Deutschland) definiert 1963 Werbung als „ … die verkaufspolitischen Zwecken dienende, absichtliche, zwangsfreie Einwirkung auf Menschen mit Hilfe spezieller Kommunikationsmittel"[10].

Der Kommunikationswissenschaftler Jörg Aufermann beschreibt Werbung hingegen als „ … kommunikative Beeinflussungstechnik, deren generelle Zwecksetzung nur vor dem Hintergrund des politisch-ökonomischen Zielsystems der Werbungtreibenden (Auftraggeber, Anbieter) deutlich wird"[11].

Eine weitere Definition ist in der Richtlinie 2006/114/EG des Europäischen Parlaments und des Rates vom 12. Dezember 2006 zu finden. Demnach ist „ … jede Äußerung bei der Ausübung eines Handels, Gewerbes, Handwerks oder freien Berufs mit dem Ziel, den Absatz von Waren oder die Erbringung von Dienstleistungen, einschließlich unbeweglicher Sachen, Rechte und Verpflichtungen, zu fördern"[12] Werbung.

Schlussfolgernd charakterisiert sich der Begriff Werbung durch die Eigenschaften eines Kommunikationsprozesses, das das Verhalten des Adressaten zum Vorteil des Werbetreibenden beeinflussen soll.[13]

2.2.2. Werbung als Marketing-Instrument

Marketing ist die marktorientierte Unternehmensführung entlang den Bedürfnissen und Wünschen der Kunden, mit dem Ziel Präferenzen und Wettbewerbsvorteile zu schaffen.[14]

Mit dem Wechsel der Wirtschaft vom Verkäufermarkt zum Käufermarkt hat die Orientierung der Verkäufer an den Absatzmärkten und somit das Marketing immer mehr an Bedeutung gewonnen. Nach jetzigem Auffassung stehen dem Unternehmen die in Abbildung 4 veranschaulichten Marketing-Instrumente zur Verfügung, deren

---

[9]   Gribkowsky, G. (1989), S. 12.
[10] Behrens, K. C. (1963), S. 14.
[11] Aufermann, J. (1973), S. 544.
[12] Richtlinie zu irreführender und vergleichender Werbung (2006/114/EG), Art. 2 a.
[13] Vgl. Brockhaus Enzyklopädie (2006b), S. 741 f.
[14] Vgl. Becker, J. (1998), S. 1; Pühringer, A. (2002), S. 4 f.

Kombination den Marketing-Mix darstellt. Die Instrumente werden auch als die 4 P's - Product, Price, Place und Promotion - bezeichnet.

Abb. 4: Der Marketing Mix
Eigene Darstellung, in Anlehnung an: Blank, A., et al. (2005): Geschäftsprozesse Industrie, 3. Aufl., Troisdorf 2005, S. 498 ff.

Die Funktion der Werbung besteht darin, ein Bedürfnis zu wecken (Einführungswerbung), den Marktanteil zu steigern (Expansionswerbung) und das Niveau des Umsatzes zu halten bzw. zu verhindern, dass Kunden zur Konkurrenz wechseln (Erhaltungswerbung). Die Werbebotschaften können insbesondere durch folgende Werbeträger der Zielgruppe nahe gebracht werden:

– Printmedien (Zeitungen, Zeitschriften, Kataloge, Prospekte)
– Audio-visuelle Medien (Fernsehen, Kino, Hörfunk, Internet)
– Medien der Außenwerbung (Litfaßsäule, Verkehrsmittel, Trikot-Werbung)

Aus der Erläuterung wird deutlich, dass Werbung nicht als Synonym zu Marketing gesehen werden darf, weil Werbung im Rahmen der Kommunikationspolitik nur eine Komponente des komplexen Marketing-Mixes ist.[15]

2.2.3. Bedeutung der Werbung im Rahmen der Gesamtwirtschaft

Der Stellenwert der Werbung nimmt stetig zu. Die Ursache liegt in der Veränderung des Fokus der Bedürfnisbefriedigung. In früheren Jahrhunderten stand die Befriedigung der

---

[15] Vgl. Blank, A., et al. (2005), S. 498 ff.

Grundbedürfnisse im Vordergrund (Nahrung, Kleidung, Unterkunft), die weitgehend durch Selbstversorgung gedeckt wurden. Heute wird das Einkommen in Luxusgegenstände (Auto, Urlaubsreisen etc.) investiert.

Die Werbung fungiert fachgebietsübergreifend und hat sich nicht nur im ökonomischen Bereich eine bedeutende Stellung geschaffen. Neben Betriebs- und Volkswirtschaftslehre haben sich auch die Psychologie, Pädagogik, Soziologie, Statistik und die Mathematik ihr zugewandt. Ein weiteres Indiz für die hohe Stellung der Werbung liegt in der Tatsache, dass eine große Anzahl von Gesetzen und Verordnungen zur Werbung erlassen wurden.[16] Eine statistische Betrachtung des Zentralverbands der deutschen Werbewirtschaft e.V. (ZAW) bestärkt die These der stetig wachsenden Bedeutung der Werbung. Zwar fielen, auf Grund der Finanzkrise und der daraus resultierenden Wirtschaftsrezession, die Netto-Werbeeinnahmen der Medien aus dem Jahr 2009 auf das Niveau des Jahres 1995, aber die Online-Werbung verzeichnete trotzdem ein Plus von 1,3 Prozent im Gegensatz zum Jahr 2008 (näheres siehe Anhang 1: Werbeeinnahmen der Medien).

Ungeachtet der Tatsache, dass Werbung ein stark konjunkturabhängiges Geschäft ist, ist Online-Werbung „... eine nicht umkehrbare Größe. Sie wird durch technische Innovation, höhere Transparenz der vielkanaligen Nutzung und vertiefende Integration in die Kommunikation der Konsumenten kontinuierlich an Bedeutung gewinnen."[17]

Auf die Frage, ob Werbung überhaupt Zukunft hat, schrieb Michael Weigert (Geschäftsführer einer Werbeagentur) im Magazin der Süddeutschen Zeitung: "Die Werbung hat solange Zukunft, wie die Welt Zukunft hat."[18]

Festzuhalten ist, dass sich die Werbung - als interdisziplinäres Phänomen - mit Hilfe der Massenproduktion und dem Massenkonsum zu einem bedeutenden Wirtschaftssegment mit einer festen Position im täglichen Leben entwickelt hat. Der Bundesverband Deutscher Zeitungsverleger e.V. prognostiziert sogar, dass der Werbemarkt stärker wächst als der Gesamtmarkt.[19]

---

[16]   Vgl. Gribkowsky, G. (1989), S. 15 ff.
[17]   http://www.zaw.de/index.php?menuid=98&reporeid=677, Stand 17.12.2010.
[18]   Weigert, M. (1997), S. 10 f.
[19]   Vgl. http://www.bdzv.de/wirtschaftliche_lage+M5d5fd963b98.html, Stand 20.12.2010.

3. Die möglichen Schutzrechte der Werbung

Nach Bestimmung der Begrifflichkeiten zur Thematik Werbeplagiate werden nachfolgend die möglichen Schutzrechte der Werbung analysiert. Den Rahmen bilden die gewerblichen Schutzrechte. Diesen unterfällt das Markenrecht (MarkenR), Patentrecht, Gebrauchsmusterrecht, Geschmacksmusterrecht und das Gesetz gegen den unlauteren Wettbewerb (UWG). Diese Rechte schützen zwar unterschiedliche Gegenstände (Kennzeichen, technische Erfindungen, Designs) und weisen sowohl materiellrechtlich als auch verfahrensrechtlich unterschiedliche Schutzvoraussetzungen auf, aber nahezu allen Schutzrechten ist die Gewährung von Ausschließlichkeitsrechten gemeinsam.

Eine Sonderstellung nehmen lediglich das UWG und das Urheberrecht (UrhR) ein.

Das Gesetz gegen den unlauteren Wettbewerb gewährt im Unterschied zum Immaterialgüterrecht keine Ausschließlichkeitsrechte, sondern regelt das Marktverhalten zwischen den Mitbewerbern. Da das UWG aber ebenso wie die gewerblichen Schutzrechte die gewerbliche Tätigkeit regelt, wird es dem gewerblichen Rechtsschutz untergeordnet.[20]

Das UrhR gliedert sich ebenfalls nicht unter die gewerblichen Schutzrechte i. e. S., weil diese Rechte nur Schutz gegen die wirtschaftliche Nutzung der Immaterialgüter gewähren. Die für das UrhR charakterisierenden persönlichkeitsrechtlichen Elemente spielen dabei lediglich eine untergeordnete Rolle.

Hinweis: Zur schnellen Orientierung bietet Anhang 2 einen tabellarischen Überblick über die Schutzrechte.

3.1. Das Urheberrecht

3.1.1. Grundzüge

Die Geschichte des Urheberrechts beginnt mit der Erfindung des Buchdruckes (ca. 1440 n. Chr.). Zu dem Zeitpunkt liegt die Zielsetzung zunächst noch in dem Schutz der Drucker und Verleger, anstatt des Autors, da diese das finanzielle Risiko der Erstauflage trugen.[21]

Seit Inkrafttreten des Urheberrechtsgesetzes (UrhG) im September 1965 ist es, zwecks Anpassung an Europäische Richtlinien und an das digitale Zeitalter, zweimal novelliert worden. Nach der ersten Urheberrechtsnovelle („Erster Korb") im September 2003, tritt

---

[20]   Vgl. *Piper* in Köhler / Piper 2006 § 1 Rn. 30 ff.
[21]   Vgl. Haberstumpf, H. (2000), S. 19 ff; Pühringer, A. (2002), S. 34; Rehbinder, M. (2006), S. 7.

im Januar 2008 der so genannte „Zweite Korb" in Kraft. Seit Juli 2010 finden vor dem Bundesjustizministerium bereits erste Anhörungen zum „Dritten Korb" statt.

Das Urheberrecht ist ein Immaterialgüterrecht in Form eines materiellen Schutzrechtes mit der Funktion den Urheber (§ 7 UrhG) von Werken (§ 2 UrhG) zu schützen. Mit der Schaffung des Werkes entsteht formfrei dementsprechend ein dem Urheber zustehendes ausschließliches Recht.[22] Ferner versteht die monistische Theorie das Urheberrecht als ein einheitliches Recht, aus dem dem Urheber sowohl sogenannte Urheberpersönlichkeitsrechte (§§ 12 – 14 UrhG) als auch Verwertungsrechte (§§ 15 - 23 UrhG) gewährt werden.[23]

Schlussfolgernd stellt das Urheberrecht weder ein Vermögensrecht noch ein Persönlichkeitsrecht dar, sondern eine Mischform, weil aus der Verletzung von Persönlichkeitsrechten vermögensrechtliche Ansprüche entstehen können und umgekehrt.

3.1.2. Schutzvoraussetzungen

Der Urheberrechtsschutz entsteht *ipso iure,* da es jeglicher Formalia (z.B. Eintragung, Anmeldung) nicht bedarf.[24] Bedingung für die Entstehung urheberrechtlichen Schutzes ist die Erfüllung der Voraussetzungen des § 2 UrhG. Demnach wird die nicht abschließende Aufzählung in § 2 Abs. 1 UrhG durch die Eigenschaft der *persönlichen geistigen Schöpfung* (§ 2 Abs. 2 UrhG) näher bestimmt.[25]

Ein schutzfähiges Werk muss somit die nachfolgend erläuterten drei Voraussetzungen erfüllen.

Die Schöpfung muss eigentümlich sein, d.h. diese muss von der „ … Persönlichkeit des Urhebers geprägt …"[26] und damit die Eigenschaft der Individualität bzw. Unterscheidungskraft aufweisen. Von den Eigenschaften wird wiederum Schöpfungshöhe in der Art verlangt, dass sie sich vom Alltäglichen, rein Handwerklichen und Technischen abhebt. Das bedeutet, dass Charakteristika wie besondere Originalität, Überdurchschnittlichkeit und Kreativität, dem Schutz nahe kommen. Weiterhin muss das Werk „… eine der Wahrnehmung durch die menschlichen Sinne zugängliche Form ange-

---

[22] Vgl. Pühringer, A. (2002), S. 33.
[23] Vgl. Schünemann, W. B. (2006), S. 380.
[24] Vgl. Lettl, T. (2008), S. 35 f.
[25] Vgl. Hertin, P. W. (1997), S. 800; *Loewenheim* in Loewenheim § 5 Rn. 2; *Schulze* in Dreier / Schulze § 2 Rn. 3.
[26] Hertin, P. W. (2008), S. 18 f.

nommen haben …"[27], sodass demzufolge eine bloße Idee vom Schutz auszuschliessen ist.[28]

Diese weite Umschreibung ist, auf Grund der Vielfalt der Schöpfungen und der schwierigen Abgrenzung ab wann von einem urheberrechtlich geschützten Werk gesprochen werden kann, nötig.

In der Praxis wird folgende graduelle Abstufung zur Ermittlung der Zubilligung der Gestaltungshöhe herangezogen:

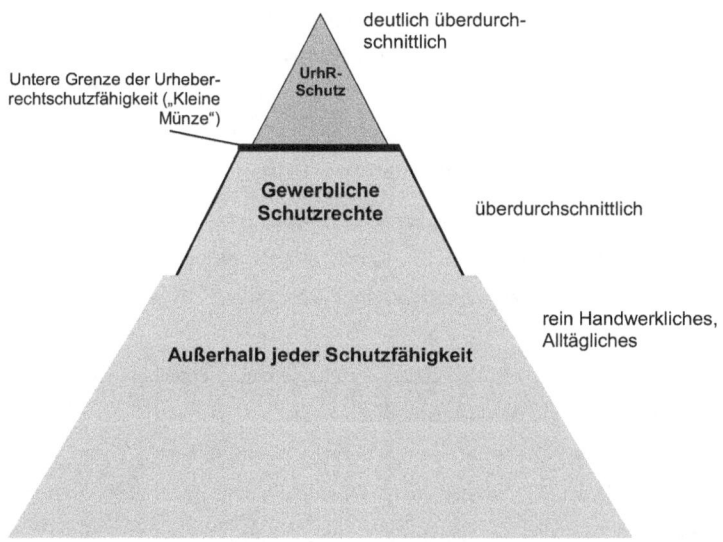

Abb. 5: Abstufung der Schutzrechte
Eigene Darstellung, in Anlehnung an: Zentek, S. (2008): Designschutz - Fallsammlung zum Schutz kreativer Leistungen in Europa, 2. Aufl., Dortmund 2008, S. 158.

Wie der Abbildung 5 zu entnehmen ist, liegen Durchschnittsgestaltungen des Alltäglichen und rein Handwerklichen außerhalb jeder Schutzfähigkeit. Diese stellen die Mehrheit der Schöpfungen dar. Mit einem Abstand zum durchschnittlichen Schaffen beginnt die Schutzfähigkeit nach den gewerblichen Rechten. Das Privileg des urheberrechtlichen Schutzes steht aber nur den schöpferischen „Spitzen"-Leistungen zu, die sehr deutlich das durchschnittliche Schaffen überragen.

---

[27] Hertin, P. W. (1997), S. 802.
[28] Vgl. Hertin, P. W. (2008), S. 18 f.; *Schricker* in Loewenheim § 2 Rn. 20; *Schulze* in Dreier / Schulze § 2 Rn. 37.

Die Kleine Münze bezeichnet dabei die unterste Grenze der urheberrechtlichen Schutz-fähigkeit, d.h. darunter fallen Werke, die über ein geringes Maß an individueller, schöpferischer und gestalterischer Ausdruckskraft verfügen und somit gerade eben noch dem urheberrechtlichen Schutz unterliegen.[29]

Zur notwendigen Objektivierung stellt der Oberste Gerichtshof die individuellen Eigenheiten und den sich daraus ergebenden Gesamteindruck dem durchschnittlichen Schaffen gegenüber. Zu berücksichtigen ist aber, dass Gerichtsentscheidungen zwar Tendenzen aufzeigen können, doch sollten alte Gerichtsurteile nur mit Vorsicht als Orientierung für neue Entscheidungen dienen, weil der urheberrechtliche Schutz - auch bei Verlust der geistigen Schöpfung durch die Kunstentwicklung - nicht rückwirkend erlöschen kann.

3.1.3. Die Subsumtion der Werbemittel unter das UrhG

3.1.3.1. Der Schutz von Werbeslogans als Sprachwerke

Schlachtruf, Kriegsruf, Feldgeschrei. So lauten die Übersetzungen des englischen Begriffs Slogan[30], die das nicht monetäre Ziel der Werbung - Erlangung von Aufmerk-samkeit - beschreiben.

Die Frage nach dem Schutz von Werbeslogans ist keine neue Entwicklung, denn bereits 1929 setze sich A. Elster mit der Thematik auseinander.[31]

Nach heutigem Verständnis kommt nur der Sprachwerkschutz nach § 2 Abs. 1 Nr. 1 UrhG in Betracht, da der Werbeslogan den Werbemitteln zugeordnet wird, die sich des Mediums der Sprache bedienen. Sprachwerke sind demnach sprachliche Mitteilungen (schriftlich und mündlich), die eine persönliche geistige Schöpfung beinhalten und somit die notwendige Gestaltungshöhe erreichen.[32] Die Anforderungen an diese materiellen Schutzvoraussetzungen sind hoch, sodass in der Literatur tendenziell die Meinung vertreten wird, dass Werbeslogans - als Kleine Münze des Urheberrechts[33] - dem Urheberrechtsschutz zwar grundsätzlich zugänglich sind, in der Praxis sei dieser aber kaum zu erlangen.[34] Die Begründung liegt in ihrer Kürze und dem damit verbun-

---

[29] Vgl. Erdmann, W. (1996), S. 551; Zentek, S. (2008), S. 68 ff.
[30] Vgl. Erdmann, W. (1996), S. 551; Traub, F. (1973), S. 186 ff.
[31] Vgl. Elster, A. (1929), S. 443 ff.
[32] Vgl. *Bullinger* in Bullinger / Wandtke § 2 Rn. 4 ff.; Erdmann, W. (1996), S. 551.
[33] Vgl. Schaeffer, M. (1971), S. 51.
[34] Vgl. Foerster, T. (1989), S. 27 ff.; *Hefermehl* in Baumbach / Hefermehl 1995 § 1 Rn. 538; *Hertin* in Fromm § 2 Rn. 40; *Schricker* in Loewenheim § 2 Rn. 72; Sosnitza, O. (1998), S. 634; Ulmer, E. (1980), S. 137.

denen geringem schöpferischen Gestaltungsspielraum. Zusätzlich besteht ein Freihalte-bedürfnis zum Zwecke der Vermeidung der Behinderung der Wettbewerber, denn eine Monopolisierung würde Abwandlungen wie z.b. *Hunde würden Chappy kaufen* (Katzen würden Whiskas kaufen), auf Grund der unerlaubten Verwendung geistigen Eigentums, nicht zulassen.[35]

Beispielsweise hat die Rechtsprechung für folgende Werbeslogans den urheberrechtli-chen Schutz verneint:

- „JA … JACoBi"[36]
- „Laß dir raten, trinke Sparten"[37]
- Wortverbindungen: "Minicar"[38]

Hingegen wurde den Slogans "Schmiegsam wie ein Frühlingsfalter bin ich im Forma-Büstenhalter"[39] und „Heute bleibt die Küche kalt, wir gehen in den Wiener Wald"[40] Schutzfähigkeit zuerkannt.

Bei heutiger Betrachtung ist die Gewährung des UrhR für die zuvor aufgeführten Werbetexte umstritten, weil in älteren Rechtsprechungen die kleine Münze noch niedriger angesetzt wurde[41] und zumal bislang der EuGH zur Urheberrechtsschutzfä-higkeit von Werbeslogans keine Entscheidung getroffen hat.

Ebenfalls ist aus heutiger Sicht der Bekanntheits- und Erfolgsgrad des Werbeslogans bei der Zielgruppe irrelevant für die urheberrechtliche Betrachtung.[42] Auch die Kürze des Slogans ist kein Kriterium. Ausschlaggebend ist allein die persönliche geistige Schöp-fungshöhe.

Schlussfolgernd ist der Ausgangsthese - Werbeslogans sind im Rahmen des Sprach-werkschutz nach § 2 Abs. 1 Nr. 1 UrhG dem Urheberrechtsschutz zwar grundsätzlich zugänglich, sind aber in der Praxis kaum vertreten - aus mehreren Gründen zuzustim-men:

- die Funktion eines Werbeslogans steht den Anforderungen an schutzfähige Werke entgegen, weil Werbebotschaften gerade prägnant, witzig und vor allem kurz sein müssen, damit diese überhaupt gelesen werden

---

[35] Vgl. *Bullinger* in Bullinger / Wandtke § 2 Rn. 53; Pühringer, A. (2002), S. 99 ff.; Schricker, G. (1996), S. 816 ff.
[36] OLG Stuttgart GRUR 1956, 481, 482.
[37] OLG Düsseldorf GRUR 1956, 510, 511.
[38] OLG Frankfurt WRP 1973, 162 f.
[39] OLG Köln GRUR 1934, 758, 794.
[40] OLG München vom 10.1.1969 (6 U 1778/68) – zitiert nach Erdmann, W. (1996), S. 551.
[41] Vgl. Erdmann, W. (1996), S. 551; Sosnitza, O. (1998), S. 635.
[42] Sosnitza, O. (1998), S. 634 f.

- zu großzügig gewährter urheberrechtlicher Schutz würde zu einem Gedankenhandel führen, weil die *ipso iure* gewährten Immaterialgüterechte zu einem Kontrahierungszwang des Interessenten mit dem Schöpfer führen. Das Urheberrecht darf aber nicht Grundlage eines Gedankenhandels sein, da Ideen frei bleiben müssen.[43]

- in der Praxis hat der Urheberrechtsschutz, auf Grund des möglichen Vorgehens nach dem Markengesetz (MarkenG) und UWG, an Bedeutung verloren.[44]

3.1.3.2. Der Schutz von bildnerischen Werbemitteln als Werke der angewandten Kunst, Lichtbildwerke und Lichtbilder

Dem Begriff der bildnerischen Werbemittel unterfallen unter anderem Werbeplakate, Werbeanzeigen, Werbeprospekte, Werbekataloge und Verpackungen. Diese sind nach herrschender Meinung in Literatur und Rechtsprechung Werke der angewandten Kunst i. S. v. § 2 Abs. 1 Nr. 4 UrhG, da sie eine Zweckbestimmung (Erzielung eines Werbeerfolgs) und zugleich einen ästhetischen Gehalt aufweisen.[45] Werke der angewandten Kunst differenzieren sich von den reinen Kunstwerken durch den zuvor genannten Gebrauchszweck und durch ihre Reichweite, denn sie umfassen nicht nur das Kunstgewerbe, sondern auch die Industrieformen Mode, Schmuck etc.

Ergänzend zum Urheberrechtsschutz können Werke der angewandten Kunst dem Geschmacksmusterschutzrecht unterliegen.[46]

Dem grafischen Bestandteil eines Werbemittels - der Fotografie - kann Schutz nach § 2 Abs. 1 Nr. 5 UrhG (Lichtbildwerke) zukommen. Entscheidend dabei ist nicht das technische Herstellungsverfahren, sondern die Wiedergabe eines Motivs durch technische Hilfsmittel. Die geistige individuelle Schöpfungshöhe wird dementsprechend durch die Motivwahl, den Blickpunkt, Licht- bzw. Farbwirkungen erreicht und übersteigt damit die bloße Wiedergabe der Realität.

Davon abzugrenzen sind die den Leistungsschutzrechten untergeordneten Lichtbilder (§ 72 UrhG), die § 2 Abs. 2 UrhG nicht erfüllen.

---

[43] Vgl. OLG Stuttgart GRUR 1956, 481, 482.
[44] Vgl. Kaulmann, N. (2008), S. 854.
[45] Vgl. *Bullinger* in Bullinger / Wandtke § 2 Rn. 96 ff.; Schaeffer, M. (1971), S. 19; Schmidt, S. (1981), S. 71.
[46] Vgl. *Bullinger* in Bullinger / Wandtke § 2 Rn. 96 ff.; Schaeffer, M. (1971), S. 20; Schmidt, S. (1981), S. 72.

Im Vergleich zu anderen künstlerischen Gestaltungen (z.B. Zeichnungen) bleibt es weiterhin schwierig bei einer Fotografie die individuelle geistige Schöpfungshöhe zu erreichen. [47]

3.1.3.3. Der Schutz von Werbejingles als Werke der Musik

Unter dem Begriff *Jingle* (*engl. bimmeln, klimpern*) ist eine „gesungene Werbebotschaft, die dadurch entsteht, dass zentrale Botschaftsinhalte oder ein bestimmter Slogan mit Gesang umgesetzt werden"[48] zu verstehen. Ziel ist es eine prägnante Melodie zu finden, die einen hohen Wiedererkennungswert in Verbindung des Produktes erzeugt.

Werbejingles kommt urheberrechtlicher Schutz gemäß § 2 Abs. 1 Nr. 2 UrhG in Form der *Werke der Musik* zu. Wie bei den bereits zuvor erläuterten Werbemitteln, besteht die Herausforderung in der persönlichen geistigen Schöpfung. Diese ist gegeben, wenn der Jingle eine Schöpfungshöhe aufweist, eine wahrnehmbare Form annimmt und von der Individualität des Tonkünstlers geprägt ist.[49] Nicht ausreichend ist die reine Wiedergabe von Naturlauten oder einzelner Signale.[50]

Im Unterschied zu allen anderen aufgeführten Werbemitteln, bei denen eine freie Benutzung gemäß § 24 UrhG möglich ist, ist die freie Benutzung bei Musikwerken ausgeschlossen (§ 24 Abs. 2 UrhG).

3.1.3.4. Der Schutz von Werbespots als Filmwerke und Laufbilder

Abschließend wird das Werbemittel des Werbespots hinsichtlich seiner Schutzfähigkeit durch das UrhG analysiert.

Da Werbespots in ihren Eigenschaften kurzen Spielfilmen ähneln, werden diese innerhalb des Werkkatalogs den Filmwerken (§ 2 Abs. 1 Nr. 6 UrhG) zugeordnet und unterliegen somit ebenfalls der Voraussetzung der geistigen individuellen Schöpfungshöhe.[51] Die Individualität kann sich in der Kameraführung, dem Schnitt oder der Handlungsführung äußern.

---

[47] Vgl. *Bullinger* in Bullinger / Wandtke § 2 Rn. 112 ff.; Pühringer, A. (2002), S. 95 ff.; Schaeffer, M. (1971), S. 57 ff.
[48] http://wirtschaftslexikon.gabler.de/Archiv/81528/jingle-v4.html, Stand 20.12.2010.
[49] Vgl. Pühringer, A. (2002), S. 109 f.
[50] Vgl. *Bullinger* in Bullinger / Wandtke § 2 Rn. 112 ff.; Pühringer, A. (2002), S. 109 ff.; Schaeffer, M. (1971), S. 63 f.
[51] Vgl. BGH GRUR 1960, 199, 200.

Bei mangelnder Schöpfungshöhe findet unabhängig vom Urheberrechtsschutz der Laufbildschutz gemäß § 95 UrhG Anwendung.[52]

3.1.4. Zwischenfazit

Die Funktion des UrhR liegt in dem Schutz des geistigen Eigentums des Urhebers. Schutz gewährt das UrhG allerdings nur Immaterialgütern, die folgende Eigenschaften erfüllen:

- Wahrnehmbare Formgestaltung
- Geistiger Gehalt
- Persönliche / individuelle Schöpfung

Schlussfolgernd ist die bloße Idee zwar ungeschützt, aber die individuelle Ausformung desselben ist grundsätzlich schutzfähig.

Projiziert man dies auf Werbemittel, so kann jedes zuvor erläuterte Werbemittel unter den Werkkatalog des § 2 Abs. 1 UrhG subsumiert werden. Jedoch ist festzuhalten, dass keine allgemeingültigen Aussagen zum Urheberrechtsschutz einzelner Werbemittel getroffen werden können. Jedes einzelne Werbemittel muss separat auf seine persönliche geistige Schöpfungshöhe geprüft werden, wobei auf Grund der siebzigjährigen Schutzdauer (§ 64 UrhG), keine zu geringen Anforderungen an die Höhe gestellt werden dürfen.

3.2. Das Markenrecht

3.2.1. Grundzüge

Der Gesetzgeber hat mit dem 1995 in Kraft getretenen und auf der Markenrechtslinie 98/104/EWG basierenden MarkenG eine eindringliche Gesamtreform des deutschen Kennzeichenrechts hervorgerufen. Das Markenrecht - als wesentlicher Bestandteil des Systems des unverfälschten Wettbewerbs[53] - wird dem Kennzeichenrecht und im weiteren Sinne dem gewerblichen Rechtsschutz zugeordnet.

Zeichenfähigkeit wird den in § 3 MarkenG aufgeführten Marken zugesprochen, die folgende Eigenschaften erfüllen: Unterscheidungsfunktion, Herkunftsfunktion, Qualitäts- bzw. Vertrauensfunktion und Werbefunktion; mit der Zielsetzung Fehlzurechnungen der Verbraucher über die Herkunft der Waren oder Dienstleistungen zu verhin-

---

[52] Vgl. Pühringer, A. (2002), S. 111 f.; Schaeffer, M. (1971), S. 64 f.; Schmidt, S. (1981), S. 81 ff.
[53] Vgl. EuGH GRUR 2003, 55, 57.

dern.[54] Somit liegt der Zweck des MarkenG darin, dem Markeninhaber ein absolutes Ausschließlichkeitsrecht (§§ 14, 15 MarkenG) an seiner Marke zu gewähren, das „ … seinem Inhaber ein positives Benutzungsrecht und ein negatives Verbietungsrecht"[55] verleiht.

3.2.2. Schutzvoraussetzungen

Als formelles Recht stehen Markenschutzrechte erst nach Anmeldung und Eintragung in das vom Deutschen Patent- und Markenamt (DPMA) geführte Markenregister (§ 4 Nr. 1 MarkenG) zu. Verkehrsgeltung und notorische Bekanntheit (§ 4 Nr. 2, 3 MarkenG) können ebenfalls zur Entstehung des Markenschutzes (materielles Markenrecht) verhelfen. Allerdings sind der Eintragungsfähigkeit durch absolute und relative Schutzhindernisse (§§ 8, 9 MarkenG) auch Grenzen gesetzt.

Unter anderem kommt den schutzfähigen Zeichen, die das Erfordernis der graphischen Darstellbarkeit nicht erfüllen, kein Markenrechtsschutz zu (§ 8 Abs. 1 MarkenG). Die Unterscheidungskraft und ein fehlendes Freihaltebedürfnis (§ 8 Abs. 2 Nr. 1, 2 MarkenG) stellen, als elementare Merkmale des MarkenG, ebenfalls Voraussetzungen zur Schutzfähigkeit dar.

Die relativen Schutzhindernisse (§§ 9 – 13 MarkenG) sind als Löschungsgründe ausgestaltet und regeln unter welchen Voraussetzungen der Inhaber eines Markenrechts gegen eine prioritätsjüngere angemeldete oder eingetragenen Marke vorgehen kann.[56]

3.2.3. Die Subsumtion der Werbemittel unter das MarkenG

3.2.3.1. Der Schutz von Werbeslogans als Mehrwortmarken

Werbeslogans stellen lediglich Buchstabenkombinationen dar und unterliegen somit in Form von Mehrwortzeichen den allgemeinen Markengrundsätzen des § 3 Abs. 1 MarkenG.[57] Diese müssen ausgehend von der Verkehrsauffassung Unterscheidungsfunktion und Herkunftsfunktion aufweisen, d.h. beschreibende Slogans und übliche Anpreisungen sind nicht schutzfähig. Ein phantasievoller Überschuss oder ein selbständig kennzeichnender Bestandteil (Unternehmensname) sind nicht erforderlich.[58] Aus

---

54 Vgl. Götting, H.-P. (2010), S. 310 ff.
55 Chrocziel, P. (1995), S. 132; Götting, H.-P. (2010), S. 351.
56 Vgl. Götting, H.-P. (2010), S. 330 ff.
57 Vgl. *Fezer* in Fezer 2001 § 3 Rn. 216.
58 Vgl. *Ingerl, Rohnke* in Ingerl / Rohnke § 8 Rn. 144; BGH GRUR 2002, 321, 322; BGH GRUR 2002, 1070, 1071.

Gerichtsentscheidungen lässt sich eine Tendenz dazu erkennen, dass langen Werbeslogans im Gegensatz zu kurzen und prägnanten das Unterscheidungsmerkmal verwehrt bleibt. Beispielsweise wurden die Slogans „Ich liebe es" (Mc Donald's), „Sind sie zu stark, bist du zu schwach" (Fisherman's Friend)[59] und „Vorsprung durch Technik" (Audi AG)[60] als unterscheidungskräftig angesehen.

3.2.3.2. Der Schutz von bildnerischen Werbemitteln als Wort-/ Bildmarken

Je nach Ausformung des bildnerischen Werbemittels ist der markenrechtliche Schutz als Bildmarke oder Wort-/ Bildmarke möglich.

Wie nachfolgend abgebildet, bestehen Wort-/ Bildmarken aus einer Kombination von Wort- und Bildbestandteilen, oder aus Wörtern, die grafisch gestaltet sind.

Abb. 6: Beispiele für Wort- / Bildmarken
Quelle: Entnommen aus: http://www.bayer.de, Stand 18.10.2010; http://www.coca-cola-gmbh.de/welcome.do, Stand 18.10.2010.

Als Indiz für eine Wort-/ Bildmarke gilt, dass die Marke nicht mit einer Schreibmaschine dargestellt werden kann.[61]

3.2.3.3. Der Schutz von Werbejingles als Hörmarken

Für Werbejingles kommt der Schutz in Form von Hörmarken entsprechend § 3 Abs. 1 MarkenG in Betracht.[62] Hörzeichen stehen aber im Widerspruch zum Erfordernis der graphischen Darstellbarkeit gemäß § 8 Abs. 1 MarkenG. Der EuGH bejaht allerdings die Markenfähigkeit von Hörmarken, indem es ein im Takt gegliedertes Notensystem mit einem Notenschlüssel, Noten- und Pausenzeichen als eine ausreichende graphische Darstellung einstuft.[63]

---

[59] Vgl. http://www.it-recht-kanzlei.de/werbeslogan-werbung.html, Stand 20.12.2010.
[60] Vgl. EuGH GRUR 2010, 228.
[61] Vgl. http://www.markenrecht.justlaw.de/bildmarke-wortmarke.htm, Stand 20.12.2010; http://www.dpma.de/marke/markenschutz/index.html, Stand 20.12.2010.
[62] Vgl. BPatG GRUR 1997, 60, 61 f.
[63] Vgl. Götting, H.-P. (2010), S. 317; *Ingerl, Rohnke* in Ingerl / Rohnke § 8 Rn. 103; EuGH GRUR 2004, 54, 57.

Fraglich bleibt die Zuordnung von gesprochenen Texten in Werbejingles, denn diese könnten ebenfalls als Wortmarke schutzfähig sein.[64]

3.2.3.4. Der Schutz von Werbespots

Der Katalog der Markenformen in § 3 Abs. 1 MarkenG stellt durch die Bezeichnung *insbesondere* keinen numerus clausus dar, sodass Kombinationen, wie die zuvor erläuterte Wort-/ Bildmarke, möglich sind, aber auch neue Marken wie z.B. Positions- oder Tastmarken.

Ein markenrechtlicher Schutz des Werbespots ist allerdings nicht möglich.

Obwohl ein Werbespot eine Kombination von einem Werbeslogan, bildnerischen Werbemittel und einem Werbejingle ist, sind die Komponenten gesondert ins Marken- register einzutragen und nicht das komplexe Gebilde als solches.

Die Begründung liegt darin, dass als Marke nur solche Zeichen schutzfähig sind, die herkunftshinweisend wirken können. Ein Werbespot gilt als Werbung für ein Produkt, nicht aber als Herkunftshinweis für ein Produkt. [65]

3.2.4. Zwischenfazit

Angesichts der fortschreitenden Internationalisierung wird der Stellenwert einer Marke in dem zunehmenden Konkurrenzkampf um die USP immer bedeutsamer. Marken bilden den Wert eines Unternehmens und sollten einen festen Bestandteil innerhalb einer erfolgsorientierten Unternehmensstrategie einnehmen.

Die Hauptfunktion des Markenrechts besteht in der Gewährleistung der Ursprungsiden- tität der gekennzeichneten Waren oder Dienstleistungen, um den Kunden in seiner Produkterwartungen zu schützen. Das Markenrecht bietet diesbezüglich Werbemitteln die Möglichkeit des Markenregistereintrags, wenn diese Unterscheidungskraft aufwei- sen, um so die nötige Individualisierung sicherzustellen.

Hingegen ist Zeichenidentität für eine Rechtsverletzung nach §§ 14 – 19d MarkenG nicht erforderlich. Verwechslungsgefahr ist bereits ausreichend (§ 14 Abs. 2 Nr. 2 MarkenG).

---

[64] Vgl. Becker, R. (2000), S. 63; Ströbele, R. (1999), S. 1045.
[65] Vgl. Götting, H.-P. (2010), S. 319.

3.3. Das Gesetz gegen den unlauteren Wettbewerb

3.3.1. Grundzüge

Bisher wurden einzelne gewerbliche Sonderschutzrechte und das Urheberrecht dargestellt, deren Leitgedanke in der Zuerkennung absolut wirkender subjektiver Ausschließlichkeitsrechte zu Gunsten eines einzelnen besteht.

Das Gesetz gegen den unlauteren Wettbewerb - letzte Novellierung 30.12.2008 - schützt
hingegen kein subjektives Recht oder verleiht Ausschließlichkeitsrechte, sodass es auch
keiner Registrierung Bedarf. Es sorgt dafür, dass sich der freie Wettbewerb in den
Schranken des lauteren Wettbewerbs hält. Diesbezüglich ist der wettbewerbsrechtliche
Leistungsschutz in einem Schutzzwecktrias (Schutz der Mitbewerber, Verbraucher und
der sonstigen Marktteilnehmer) gegen unfaire Wettbewerbspraktiken ausgestaltet,
wobei *lauter* die altertümliche Bezeichnung für *fair* ist.

Die erforderliche Aktivlegitimation bei wettbewerbsrechtlichen Verstößen steht nur den
in § 8 Abs. 3 UWG genannten zu, d.h. Ansprüche entstehen nur im B2B-Sektor.[66]

Ziel des Wettbewerbsrechts ist die Sicherung des freien Leistungswettbewerbs durch
Chancengleichheit der Konkurrenten und die Schaffung volkswirtschaftlicher Stabilität.

3.3.2. Voraussetzungen für die Anwendbarkeit

Der großen Generalklausel (§ 3 UWG) lassen sich drei Tatbestandsmerkmale für die
Unlauterkeit entnehmen: Es muss eine *geschäftliche Handlung* vorliegen, die *unlauter*
ist und dazu *geeignet ist die Interessen der Mitbewerber, Verbraucher oder sonstigen
Marktteilnehmer spürbar zu beeinträchtigen*, d.h. die Bagatellschwelle muß überschrit-
ten werden. Leitbild ist der homo oeconomicus.[67]

Liegt ein Fall der Schwarzen Liste vor (§ 3 Abs. 3/Anhang UWG) besteht ein per se-
Verbot, das keine Spürbarkeit erfordert und keinen Wertungsspielraum zulässt.

3.3.3. Die Subsumtion der Werbemittel unter das UWG

Die zuvor aufgeführten Sonderschutzrechte schützen Leistungsergebnisse durch
Zuerkennung zeitlich begrenzter Verwertungsmonopole für seinen Schöpfer. Das UWG

---

[66] Vgl. Chroeziel, P. (1995), S. 149 f.; Henning-Bodewig, F. (2010), S. 1094 ff.; *Klippel / Brämer* in
Ekey § 1 Rn. 1 f.
[67] Vgl. Rittner, F. / Kulka, M. (2008), S. 17 ff.; Schünemann, W. B. (2006), S. 511 ff.

hingegen kann keine Werbemittel schützen, weil sein Zweck in der Sicherung eines fairen Ablaufs des wirtschaftlichen Konkurrenzkampfes liegt.

Der Beispielskatalog des § 4 UWG hat die Funktion den Begriff der Unlauterkeit zu konkretisieren. Obwohl das Gesetz von *Waren oder Dienstleistungen* spricht, können Werbeslogans, bildnerische Werbemittel, Werbejingles und Werbespots als komplexe Konstrukte diesem Katalog ebenfalls unterliegen, weil der Katalog nur die typischen Unlauterkeitstatbestände darstellt und nicht abschließend ist.[68] Weitere unlauterkeitsbegründende Umstände könnten sich aus §§ 3, 5 Nr. 1, 2 UWG oder §§ 3, 6 Abs. 2 Nr. 4, 6 UWG ergeben, aber da die Darstellung der einzelnen Normen den Rahmen sprengen würde, werden diese der Vollständigkeit halber lediglich aufgezählt.

3.3.4. Zwischenfazit

Ein Imitationswettbewerb ist erlaubt und gewollt. Dies zeigt sich daran, dass die Gesetzesfunktion des UWG sachlogisch nicht richtig wäre, weil gewerbliche Sonderschutzrechte das Imitationsverbot bereits regeln. Der Grundsatz der Nachahmungsfreiheit[69] geht allerdings nur so weit, bis besondere unlautere Umstände hinzutreten, die dazu geeignet sind den Wettbewerb zum Nachteil der Mitbewerber, Verbraucher oder sonstigen Marktteilnehmer nicht nur unerheblich zu beeinträchtigen.

Ein Indiz für die Unlauterkeit ist die Beeinflussung der Kundenentscheidungen. Aber der Versuch auf die Kaufentscheidung Einfluss zu nehmen, liegt gerade in der Natur des Marketings. Aus diesem Grund sind nicht alle Formen der Beeinflussung unlauter.

Grundsätzlich ist eine Orientierung an den Leitlinien der produktbezogenen unmittelbaren Leistungsübernahmen durchaus sachgerecht.[70]

Abschließend ist festzuhalten, dass es möglich ist, die analysierten Werbemittel als Objekte der Unlauterkeitstatbestände dem Schutz gegen unfaire Wettbewerbspraktiken unterzuordnen.

---

[68] Vgl. Breucker, M. / Wüterich, C. (2004), S. 389; Kaulmann, N. (2008), S. 859; BGH GRUR 1997, 308, 310 = WRP 1997, 306; BGH GRUR 2003, 876, 878 = WRP 2003, 1135.

[69] Vgl. Fezer, K.-H. (1993), S. 63; Mees, H. K. (1999), S. 62; RegE UWG 2004, BT-Drucks. 15/1487, S. 18.

[70] Vgl. Emmerich S. 136 f.; Nordemann Rdnr. 400; ferner oben S. 105 ff. – zitiert nach Schünemann, W. B. (1989), S. 110.

3.4. Rangverhältnisse der Schutzrechte innerhalb des nationalen deutschen Rechts

Nachdem die Schutzrechte der Werbung einzeln erläutert wurden, stellt sich die Frage nach dem Rangverhältnis der Schutzrechte. Nachfolgend wird nur die Konkurrenz innerhalb des deutschen Rechtsraumes betrachtet.

Immaterialgüterrechte bieten Schutz gegen das *Ob* der Imitation, während sich das ¨UWG nur gegen das *Wie* des Wettbewerbhandelns richtet.[71]

„Dies impliziert jedoch, daß durch die Zuerkennung des Sonderrechtsschutzes die Möglichkeit eines ergänzenden wettbewerbsrechtlichen Schutzes der jeweiligen Leistung außerhalb des Geltungsbereichs der Sondergesetze nicht ausgeschlossen wird. Andererseits kann dem ergänzenden wettbewerbsrechtlichen Leistungsschutz auch nicht der Umstand entgegenstehen, daß die jeweilige Leistung infolge fehlender materieller oder formeller Schutzvoraussetzungen niemals sondergesetzlichen Schutz genoß."[72]

Schon mit der Rechtsprechung des Reichsgerichts geht der BGH grundsätzlich von dem Vorrang des Sonderrechtsschutzes zum wettbewerblichen Leistungsschutz aus. Es bestehen allerdings Bedenken, ob die Vorrangthese sachgerecht ist, denn der BGH setzt sich mit seiner These in Widerspruch, indem er in Urteilen den Vorrang selbst nicht konsequent durchhält und wettbewerbsrechtliche Ansprüche prüft, ohne auf die spezielle Norm einzugehen.[73]

Der UWG-Schutz darf jedoch auch nicht in Kontrast zu Sonderschutzrechten stehen, sodass für die Qualifizierung einer Handlung als ein Wettbewerbsverstoß Bedingung ist, dass der Verstoß außerhalb der gewerblichen Sonderschutzrechte liegt. Die Intention des BGH zur Vorrangthese liegt somit wohl lediglich in der Bekräftigung der Ansicht, dass ein unmittelbarer Schutz nach dem UWG nicht zugesprochen werden darf.[74]

Schlussfolgernd „ … ersetzt .. der wettbewerbsrechtliche Leistungsschutz .. den Sonderrechtsschutz .. nicht, sondern ergänzt ihn in wettbewerbsrechtlicher Hinsicht"[75].

Vor dem zuvor erläuterten Hintergrund werden nachstehend die einzelnen Verhältnisse näher betrachtet:

Das **Urheberrecht** hat gegenüber dem **UWG** Vorrang, sodass der UWG-Nachahmungsschutz nur eine ergänzende wettbewerbsrechtliche Schutzfunktion annimmt.[76]

---

[71] Vgl. Müller-Laube, H.-M. (1992), S. 484 f.
[72] Roth, K. (2004), S. 13.
[73] Vgl. BGH GRUR 1994, 630, 631 f.; BGH WRP 2005, 476, 478 ff.; Stieper, M. (2006), S. 291 ff.
[74] Vgl. Lehmann, T. (2009), S. 47 f., BGHZ 26, 52, 59; BGHZ 44, 288, 295 f.
[75] Roth, K. (2004), S. 13.
[76] Vgl. Dissmann, R. (2006), S. 500 f.; Hertin, P. W. (2008), Rn. 53; Lettl, T. (2008), Rn. 64.

Unterfällt aber ein Tatbestand den §§ 3, 4 Nr. 9 UWG, dann ist unabhängig vom immaterialgüterrechtlichen Sonderschutz ein wettbewerbsrechtlicher Nachahmungsschutz gegeben.[77]

Die Darstellung des Rangverhältnisses zwischen dem **Markenrecht** und dem **UWG** ist schwieriger, weil z.B. in Hinblick auf ihre herkunftshinweisende Funktion Überschneidungen mit den Schutzzwecken vorliegen.[78] Streitig ist das Verhältnis, obwohl die Konkurrenzklausel (§ 2 MarkenG) ausdrücklich die Anwendung anderer Vorschriften zum Schutz der im MarkenG geregelter Kennzeichen nicht ausschließt und somit den Rückgriff auf die Vorschriften des UWG offen hält.[79] Unklar ist jedoch, ob das MarkenG einen abschließenden, spezialgesetzlichen Charakter besitzt oder eine kumulative bzw. subsidiäre Normenkonkurrenz[80] für zulässig erachtet wird.

Die herrschende Meinung in der Literatur bestätigt die Vorrangthese des BGH und billigt dem Wettbewerbsrecht nur eine ergänzende Funktion zu, d.h. die Anwendung des UWG ist ausgeschlossen, wenn der Anwendungsbereich des Kennzeichenrechts eröffnet ist.[81] Der Einwand des BGH ist, dass eine konkurrierende Anwendung anderer Vorschriften - insbesondere der Generalklausel des Wettbewerbsrechts - ausgeschlossen ist, weil die markenrechtlichen Vorschriften in ihrem Anwendungsbereich eine „ ...umfassende, in sich geschlossene kennzeichenrechtliche Regelung ...“[82] darstellen und als *lex specialis derogat legi generali* fungieren. Diesem widerspricht § 2 MarkenG durch die Bildung des Anwendungsvorbehalts anderer Gesetzesnormen.

Die Argumentation der Notwendigkeit eines Vorrangs auf Grund der Aushöhlung der markengesetzlichen Ansprüche, wenn „ ... bei Fehlen der besonderen Tatbestandsvoraussetzungen des MarkenG oder über die dort geregelten Rechtsfolgen hinaus entgegen der dem MarkenG zu Grunde liegenden Wertungen ein Schutz über die wettbewerbs-

---

[77] Lettl, T. (2008), Rn. 64 f.; Rehbinder, M. (2006), Rn. 128 f.
[78] Vgl. Stieper, M. (2006), S. 291 ff.
[79] Vgl. Fezer, K.-H. (2009), S. 451; Stieper, M. (2006), S. 291 ff.; Amtl. Begr., BT-Drucks. 12/6581, 64; http://www.uni-konstanz.de/FuF/Jura/fezer/%A72MarkenG.pdf, Stand 20.12.2010.
[80] Vgl. http://www.uni-konstanz.de/FuF/Jura/fezer/%A72MarkenG.pdf, Stand 20.12.2010.
[81] Vgl. Bornkamm, J. (2005), S. 97 ff.; Fezer, K.-H. (2009), S. 451; Ingerl, R. (2004), S. 809 ff.; Stieper, M. (2006), S. 291 ff.; http://www.uni-konstanz.de/FuF/Jura/fezer/%A72MarkenG.pdf, Stand 20.12.2010; BGH GRUR 1999, 992, 995; BGH GRUR 2000, 608, 610; BGH GRUR 2001, 1050, 1051; BGH GRUR 2001, 1054, 1055; BGH GRUR 2002, 167, 171; BGH GRUR 2002, 340, 341; BGH GRUR 2003, 973, 974; BGH GRUR 2005, 163, 165; BGH GRUR 2005, 423, 427; BGH GRUR 2005, 583, 585; BGH GRUR 2006, 329, Rn. 36; BGH GRUR 2007, 339, Rn. 39; WRP 2008, 1196, 1197, Rn. 26.
[82] BGH GRUR 2005, 163, 165 = WRP 2005, 219.

rechtliche Generalklausel …" [83] eingeräumt wird, ist abzuweisen.[84] Diese widerspricht der Konkurrenzlehre.

In Konsequenz ist die Vorrangthese des BGH rechtsmethodisch und rechtspraktisch nicht sachgerecht[85], denn die Normzweckverschiedenheit rechtfertigt eine „ … an dem normspezifischen Schutzzweck orientierte, autonome und parallele Anwendung der zum Schutz der Kennzeichen bestehenden Vorschriften …"[86]. Erst bei einer Begrenzung des Markenrechts würde die Anspruchskonkurrenz ausscheiden, was im Kennzeichenrecht nicht der Fall ist.

Schlussfolgernd bildet sich der Vorbehalt des Markenrechts für die Anwendung wettbewerbsrechtlicher Vorschriften (§ 2 MarkenG) in einer allgemeinen Normenkonkurrenz aus – sei sie kumulativ, sei sie subsidiär.[87]

Abschließend wird das Rangverhältnis zwischen dem **MarkenG** und dem **UrhG** dargestellt.

Markenrechtlicher und urheberrechtlicher Schutz können nebeneinander bestehen. So kann z.B. ein Zeichen als eingetragene Marke unter das MarkenG fallen, und falls es die Voraussetzung der persönlich geistigen Schöpfung (§ 2 Abs. 2 UrhG) erfüllt gleichzeitig auch durch das UrhG Schutz genießen.[88]

---

[83]   Stieper, M. (2006), S. 299.
[84]   Vgl. Bornkamm, J. (2005), S. 98; BGH GRUR 1997, 754, 755 = WRP 1997, 748; Helm, M. (2001), S. 291.
[85]   Vgl. http://www.uni-konstanz.de/FuF/Jura/fezer/%A72MarkenG.pdf, Stand 20.12.2010.
[86]   http://www.uni-konstanz.de/FuF/Jura/fezer/%A72MarkenG.pdf, Stand 20.12.2010.
[87]   Vgl. http://www.uni-konstanz.de/FuF/Jura/fezer/%A72MarkenG.pdf, Stand 20.12.2010.
[88]   Vgl. Lettl, T. (2008), S. 26 f.; Rehbinder, M. (2006), S. 52 ff.

4. Die Einordnung des Werbeplagiats unter die möglichen Schutzrechte der Werbung

4.1. Einführung

Rückblickend auf die Ausführungen wurden bisher Grundlagen geschaffen im Sinne der Erläuterung der Terminologie Werbung & Plagiat und der allgemein möglichen Schutzrechte einzelner Werbemittel.

Nach der Charakterisierung des Werbeplagiats beschäftigt sich dieser Abschnitt mit der Einordnung des Werbeplagiats in die zuvor aufgezeigten möglichen Schutzrechte.

Auf Grund der Tatsache, dass das UrhR Werbemitteln in der Praxis nur äußerst selten Schutz gewährt und der Schutz nach dem MarkenG (als formelles Recht) im Falle der Anmeldung und Eintragung nicht diskussionsbedürftig ist, wird nachfolgend lediglich der wettbewerbsrechtliche Faktor betrachtet. Dieser umfasst die Klassifizierung des Werbeplagiats nach dem UWG und die wettbewerbspolitische Rechtfertigung.

4.2. Eigenschaften und Zielsetzung des Werbeplagiats

Werbeplagiate werden größtenteils als nachschaffende Übernahmen fremder Leistungs-ergebnisse qualifiziert. Die Begründung liegt in der Zielsetzung der Werbeagentur, denn Zweck des Werbeplagiats ist es, das Produkt des auftraggebenden Unternehmens so gut wie möglich zu vermarkten und um dies zu ermöglichen, werden Werbekampagnen imitiert, die sich bereits bewährt haben. Keinesfalls liegt das Bestreben darin, eine verwechslungsfähige eins zu eins Werbeimitation im Sinne der sklavischen Nachah-mung zu schaffen, eine Assoziation zur bekannten Marke herzustellen und somit den Eindruck zu erwecken, das beworbene Produkt könne vom selben Hersteller stammen. Dies wäre für das auftraggebende Unternehmen auch äußerst kontraproduktiv, denn das eigene Produkt würde in den Hintergrund geraten und eher die Werbewirkung des Konkurrenten fördern. Außerdem besteht das Risiko, dass das negative Image des *Unternehmens, das vom XY Unternehmen abgekupfert hat,* entsteht. Die Zielsetzung des Werbeplagiarismus liegt viel mehr darin, die Vorteile des eigenen Produktes stärker in das Bewusstsein des Verbrauchers zu rücken und den Umsatz zu maximieren.

Folglich kann bei einem Werbeplagiat keine Herkunftstäuschung entstehen, weil keine herkunftshinweisende Kennzeichen wie z.B. Logos kopiert werden.

4.3. Die Klassifizierung des Werbeplagiats als eine Übernahme fremder Leistungsergebnisse nach dem UWG

4.3.1. Der Grundsatz der Nachahmungsfreiheit

Ausgangspunkt für die Untersuchung der Unlauterkeit von Werbeplagiaten ist der von der Rechtsprechung immer wieder betonte Grundsatz der Nachahmungsfreiheit.[89]

Dahinter steht der Gedanke, dass Leistungen der Gegenwart ohnehin auf dem Erbe der Vergangenheit aufbauen und dass ein Gewerbetreibender, der ein Wettbewerbserzeugnis auf den Markt bringen will, den bereits erreichten Entwicklungsstand und eine günstige Marktnachfrage seinerseits nicht ungenutzt zu lassen braucht.[90] Begründet wird dieser Grundsatz durch das Bestehen der sondergesetzlichen Regelungen des Nachahmungsschutzes[91], der allgemeinen Handlungs- und Berufsfreiheit der Artt. 2, 12 GG sowie dem Grundsatz der Wettbewerbsfreiheit[92]. Dieser Grundsatz geht allerdings nur so weit, bis besondere unlautere Umstände hinzutreten, die dazu geeignet sind den Wettbewerb zum Nachteil der Mitbewerber, Verbraucher oder sonstigen Marktteilnehmer nicht nur unerheblich zu beeinträchtigen. Fraglich ist was unter den besondern unlauteren Umständen zu verstehen ist.

Nachfolgend werden zum Grundlagenverständnis zunächst die Formen der Nachahmung mit den „besonderen unlauteren Umständen" erläutert und anschließend Bezug nehmend auf den Tatbestand des Werbeplagiats betrachtet.

4.3.2. Formen der Nachahmung im ergänzenden wettbewerbsrechtlichen Leistungsschutz

Nachahmung ist die Übernahme von Elementen einer früheren Gestaltung, dessen Individualität in der späteren Gestaltung wieder erkennbar wird.[93] Kennzeichnend ist ebenfalls, dass die fremde Leistung ganz oder teilweise als eigene Leistung angeboten wird.[94]

Nachstehend werden zwei Formen der Nachahmung unterschieden, wobei die Grenzziehung zwischen den Begriffen in der Literatur nicht eindeutig ist.

---

[89] Vgl. BGH GRUR 1999, 751, 752; BGH GRUR 1999, 1106, 1108; BGH GRUR 2000, 521, 523; BGH GRUR 2007, 795 Tz 50; BGH GRUR 2008, 1115 Tz 32.
[90] Vgl. *Köhler* in Baumbach / Hefermehl 2010 § 4 Rn. 9.3.; BGH GRUR 1967, 315, 317.
[91] Vgl. Fezer, K.-H. (1993), S. 65; Mees, H. K. (1999), S. 65; Begr RegE UWG zu § 4 Nr. 9, BT-Drucks 15/1487, S. 18.
[92] Vgl. *Sosnitza* in Köhler / Piper 2010 § 4 Rn. 9/15.
[93] Vgl. Lubberger, A. (2006), S. 737 ff.
[94] Vgl. OLG Köln GRUR-RR 2005, 228, 229.

4.3.2.1. Unmittelbare Leistungsübernahme

Folgende Charakteristika weist der Tatbestand der unmittelbaren Übernahme fremder Leistungsergebnisse auf:

- Es handelt sich um die Übernahme eines fertigen Leistungsergebnisses.

- Die Übernahme erfolgt durch „Verwendung eines technischen, biologischen oder sonstigen Vervielfältigungsverfahrens, das gegenüber der ursprünglichen Herstellungsleistung wesentlich "abkürzend" wirkt. Es braucht nicht die volle Herstellungsleistung erbracht zu werden, sondern nur die vergleichsweise geringe der Vervielfältigung."[95]

- Es ergibt sich ein jeweils identisches Ergebnis.

Folglich bedeutet dies, dass nicht das Ausmaß (100 %) bzw. das Ergebnis der Übernahme, sondern das verwendete Verfahren Ansatzpunkt der Verletzungshandlung ist.[96] In der früheren Terminologie ist diese Form der Nachahmung auch als „sklavische Nachahmung" bekannt.

Bsp.: Ein Buch wird fotomechanisch nachgedruckt[97], von plastischen Erzeugnissen werden Abgüsse genommen[98].

4.3.2.2. Nachschaffende Leistungsübernahme

Im Falle der nachschaffenden Übernahme erbringt der Wettbewerber hingegen eine eigene Leistung, die sich am Vorbild des Originals orientiert. Dabei weist die Nachahmung wieder erkennbare wesentliche Elemente des Originals auf.[99]

Voraussetzung für eine Nachahmung aus objektiver Sicht ist schlussfolgernd eine Übereinstimmung in den wesentlichen Teilen zwischen dem jüngeren Ergebnis und der Ursprungsleistung. Subjektiv betrachtet ist ein Handeln in Kenntnis des Originals und somit Vorsatz erforderlich (jedoch keine Täuschungs- oder Behinderungsabsicht), denn sonst liegt eine selbständige Schöpfung vor.[100]

---

[95] Luchterhandt, H.-F. (1969), S. 584.
[96] Vgl. Luchterhandt, H.-F. (1969), S. 582.
[97] Vgl. BGH GRUR 1969, 186, 189.
[98] Vgl. BGH WRP 1976, 370, 371.
[99] Vgl. Lehmann, T. (2009), S. 41 f.
[100] Vgl. *Köhler* in Baumbach / Hefermehl 2010 § 4 Rn. 9.68; *Sambuc* in Harte-Bavendamm / Henning-Bodewig § 4 Nr. 9 Rn. 15.

4.3.3. Besondere unlautere Umstände

Wie zuvor aufgezeigt, gilt außerhalb des Sonderrechtschutzes der Grundsatz: Nachahmung ist grundsätzlich zulässig, wenn nicht besondere Umstände hinzutreten.

Im Anschluß wird § 4 Nr. 9 a bis c und Nr. 10 UWG erläutert, die nicht abschließend typische Merkmale normieren, die die Unlauterkeit der Nachahmungshandlung begründen könnten.

4.3.3.1. Herkunftstäuschung (§ 4 Nr. 9 a UWG)

Nach § 4 Nr. 9 a UWG ist das Anbieten einer Nachahmung unlauter, wenn sie zu einer *vermeidbaren Täuschung der Abnehmer über die betriebliche Herkunft* des nachgeahmten Erzeugnisses führt. Voraussetzung ist demnach eine gewisse Bekanntheit des Originals bei nicht unerheblichen Teilen der angesprochenen Verkehrskreise[101], denn ist dem Verkehr nicht bekannt, dass ein Original existiert, scheidet eine Herkunftstäuschung aus. Leitbild für das erforderliche Maß an Bekanntheit ist der homo oeconomicus, der sich durch Interesse an dem Produkt charakterisiert.[102]

4.3.3.2. Rufausbeutung und Rufbeeinträchtigung (§ 4 Nr. 9 b UWG)

Eine unlautere Nachahmung liegt gemäß § 4 Nr. 9 b UWG vor, wenn der Nachahmer *die Wertschätzung der nachgeahmten Ware oder Dienstleistung unangemessen ausnutzt oder beeinträchtigt.* Bedingung ist, dass das Original Bekanntheit und Wertschätzung in der Öffentlichkeit erreicht, d.h. mit positiver Vorstellung besetzt ist.[103]

Der Tatbestand der Rufausbeutung (Ausnutzung der Wertschätzung) besteht, wenn die angesprochenen Verkehrskreise die Güte- und Wertvorstellungen, die dem Original zugute kommen sollten, auf die Nachahmung übertragen (Imagetransfer). Zudem nimmt der Ruf des Originals durch den Imagetransfer einer minderwertigen Nachahmung vielfach einen Schaden, sodass es zu dem unlauteren Fall der Rufbeeinträchtigung des Originalerzeugers kommt.

Zwischen den Fallgruppen der Herkunftstäuschung (§ 4 Nr. 9 a UWG) und der Rufausbeutung (§ 4 Nr. 9 b UWG) fehlt es der Differenzierung an praktischer Bedeutung. Nimmt der homo oeconomicus an, dass die Nachahmung das Original ist, so wird er

---

[101] Vgl. *Sambuc* in Harte-Bavendamm / Henning-Bodewig § 4 Rn 78; BGH GRUR 2002, 820, 822; BGH; BGH GRUR 2005, 600, 602; BGH GRUR 2006, 79 Tz 35; BGH GRUR 2007, 984 Tz 34.
[102] Vgl. *Köhler* in Baumbach / Hefermehl 2010 § 4 Rn. 9.42.
[103] Vgl. *Köhler* in Baumbach / Hefermehl 2010 § 4 Rn. 9.52.

auch zwangsläufig der Ansicht sein, die Nachahmung stamme von dem Originalhersteller, sodass mit der Werbeverwechslung stets eine Herkunftstäuschung einhergeht.[104]

4.3.3.3. Unredliche Erlangung von Kenntnissen oder Unterlagen (§ 4 Nr. 9 c UWG)

§ 4 Nr. 9 c UWG regelt den Fall, dass Kenntnisse oder Unterlagen zwar zunächst im Rahmen eines Vertrauensverhältnisses (z.B. Arbeitsverhältnis) redlich erlangt wurden, aber dann unter Vertrauensbruch missbräuchlich zur Nachahmung ausgenutzt werden. Dem nahe stehen die Tatbestände der §§ 17, 18 UWG.

4.3.3.4. Behinderung (§ 4 Nr. 10 UWG)

Wenn sich bei der Auslegung herausstellt, dass sich ein Sachverhalt nicht unter § 4 Nr. 9 a bis c UWG subsumieren lässt, bleibt zu prüfen, ob der Tatbestand der Behinderung im Sinne des § 4 Nr. 10 UWG erfüllt wird.

Unter einer Behinderung versteht das UWG „jede Beeinträchtigung der wettbewerblichen Entfaltungsmöglichkeiten der Mitbewerber"[105]. Die Unlauterkeit der Behinderung ist dann anzunehmen, wenn die Handlung nicht im Bemühen um Förderung des eigenen Absatzes liegt, sondern in der Behinderung der Konkurrenz. Bedingung ist somit eine spürbare und nachteilige Auswirkung auf das Wettbewerbsgeschehen.

Praktisch ist eine klare Abgrenzung zwischen Leistung und Behinderung allerdings häufig sehr schwierig, denn oft bewirkt gerade die Leistung des Einen die Behinderung des Anderen. Beispielsweise derjenige, der die Preise seines Konkurrenten unterbietet, dessen Kunden oder Mitarbeiter abwirbt, behindert seinen Mitbewerber. Er handelt aber keineswegs allein deshalb schon unlauter.[106]

Sofern keine der Fallgruppen vorliegt, kommt ein Rückgriff auf die große Generalklausel (§ 3 UWG) in Betracht. Allerdings darf diese nur in „Extrem- und Evidenzfällen" angewendet werden[107], da sonst die Gesetzestechnik sinnlos wird (Beispielkataloge sollen die Handhabung der Generalklausel erleichtern).

---

[104] Vgl. *Kotthoff* in Ekey § 4 Rn. 394.
[105] *Ohly* in Köhler / Piper 2010 § 4 Rn. 10/8.
[106] Vgl. *Ohly* in Köhler / Piper 2010 § 4 Rn. 10/2; *Ohly* in Köhler / Piper 2010 § 4 Rn. 10/8.
[107] So zuerst Schünemann, W. B. (2004), S. 925, 928; s.a. ders. in: Harte/ Henning, § 3 Rn. 102; vgl. BGH GRUR 2007, 795 Tz 51; BGH GRUR 2008, 1115 Tz 32.

4.3.4. Die wettbewerbspolitische Rechtfertigung des Werbeplagiats

Mit dem Plagiieren fremder Werbung bedient man sich des Nichtleistungswettbewerbs, denn für ein positives Image und den dadurch geschaffenen Wettbewerbsvorsprung musste der Originalhersteller Zeit und Kosten investieren. Der Werbeplagiator setzt hingegen kaum eigene Leistung entgegen.

Dieser Umstand scheint ein Ungleichgewicht im Wettbewerbsverhältnis zu schaffen und muss in den folgenden Ausführungen bezüglich der wettbewerbspolitischen Rechtfertigung erläutert werden.

Die vorausgesetzte Unlauterkeit für ein Werbeplagiat könnte in der Assoziation beider Werbungen bestehen; mit der Zielsetzung einen Transfer des Prestigewertes, des positiven Images oder bestimmter Gütevorstellungen hervorzurufen.[108] Konsequenz ist, dass die Gütevorstellungen, die dem Original gebühren, der Nachahmung zugute kommen, weil der Verkehr diese verwechselt, indem es den Eindruck gewinnt die Nachahmung stamme vom Originalhersteller oder es handele sich bei dem Original um die Nachahmung.[109] Ein Werbeplagiat aber kann diese beschriebene Herkunftstäuschung nicht hervorrufen, weil das Plagiieren von herkunftshinweisenden Kennzeichen seiner Zielsetzung widerstreben würde.

Die Betrachtung des Werbeplagiats als eine gezielte Behinderung der Mitbewerber (§ 4 Nr. 10 UWG) würde auch zu weit gehen. „Wettbewerbswidrig ist die Beeinträchtigung im Allgemeinen dann, wenn gezielt der Zweck verfolgt wird, den Mitbewerber an seiner Entfaltung zu hindern und ihn dadurch zu verdrängen." [110] Somit liegt die Zielsetzung primär in der Störung der fremden wettbewerblichen Entfaltung, anstatt in der Förderung des eigenen Wettbewerbs.[111] Der primäre Zweck der Übernahme fremder Werbung besteht allerdings in der Umsatzmaximierung und dem damit zwangsläufig verbundenen wettbewerbskonformen Abwerben von Kunden, sodass § 4 Nr. 10 UWG nicht greift.

Laut Ansicht des BGH ist in der Regel die unmittelbare Übernahme eines fremden Leistungsergebnisses eher als wettbewerbrechtlich unlauter anzusehen, als eine Nachbildung, bei der ein Vorbild nachschaffend wiederholt wird[112], d.h. je weiter sich die Nachahmung vom Original entfernt, desto stärker ist der Grundsatz der Nachahmungs-

---

[108] Vgl. Lehr, D. (2007), Rn. 319 ff.; Rittner, F. / Kulka, M (2008), S. 124.
[109] Vgl. *Kotthoff* in Ekey § 4 Rn. 394; Lehr, D. (2007), Rn. 320.
[110] BGHZ 148, 1 = GRUR 2001, 1061, 1062.
[111] Vgl. OLG Düsseldorf, I-20 U 134/07.
[112] BGH WRP 1976, 370, 371; OLG Frankfurt GRUR 1984, 543, 544.

freiheit ausgeprägt und desto massivere unlautere Umstände müssen hinzutreten, ehe eine sondergesetzlich nicht geschützte Werbung über § 1 UWG monopolisiert werden kann.[113] Im Umkehrschluss sind bei einer nachschaffenden Nachahmung die Anforderungen an die unlauterkeitsbegründenden Umstände hoch.

---

[113] Vgl. Clapham, R. (1981), S. 137 ff.

5. Anwendungsbeispiele

Mit Hilfe der zuvor gesammelten Erkenntnisse werden die nachfolgenden zwei Beispiele analysiert, die von unterschiedlichen Werbeagenturen aus unterschiedlichen Ländern produziert wurden und zunächst den Anschein erwecken alle Voraussetzungen für ein Werbeplagiat erfüllt zu haben.

Anzumerken ist, dass die nachfolgende Betrachtung auf dem deutschen UrhR, MarkenR und des UWG basiert, trotz der Tatsache, dass die Werbekampagnen ihren Ursprung in unterschiedlichen Ländern haben und somit anderen Gesetzen unterliegen.

5.1. Beispiel 1: VW - BMW

Im Jahr 2006 veröffentlichte die Werbeagentur DDB Stockholm für Volkswagen das Werbeplakat mit der weiß / braunen Bulldogge vor einem dunklen Hintergrund, die vor einem sehr kleinen Hundefressnapf steht. Auf dem Werbeplakat unten rechts ist zu erkennen, dass Volkswagen mit dem Slogan „More power, less consumption" für den Golf TSI wirbt (Abb.7).

Abb. 7: VW Golf TSI - More Power, less consumption
Quelle: Entnommen aus: http://www.joelapompe.net/category/print-outdoor/automotive/page/4/, Stand 20.12.2010, Werbeagentur: DDB Stockholm (Schweden), Veröffentlichung: 09/ 2006.

Abb. 8: BMW - More Power, less consumption
Quelle: Entnommen aus:
http://www.joelapompe.net/category/print-
outdoor/automotive/page/4/, Stand 20.12.2010,
Werbeagentur: King Helsinki (Finnland),
Veröffentlichung: 12/ 2007.

Ein Jahr nach der VW-Werbekampagne wirbt BMW ebenfalls mit einem kräftigen Hund, der vor einem sehr kleinen Hundefressnapf steht. Sogar wort- und zeichenidentisch ist der Slogan „More power, less consumption". Oben rechts ist das Logo von BMW zu finden (Abb.8).

Fraglich ist, ob der erste Eindruck, dass es sich bei der BMW-Werbekampagne um ein Werbeplagiat handelt, bestätigt wird. Voraussetzung dafür ist, dass die VW-Werbekampagne schutzfähig ist.

Entsprechend der graduellen Abstufung zur Ermittlung der Zubilligung der Gestaltungshöhe (siehe 3.1.2.) unterliegt das VW-Werbeplakat zunächst der Analyse aus urheberrechtlicher Sicht und anschließend aus markenrechtlichen Gesichtspunkten. Abschließend findet eine Betrachtung gemäß den UWG-Normen statt.

- **Urheberrecht**

Dem **Slogan** "More power, less consumption" würde kein urheberrechtlicher Schutz gemäß § 2 Abs. 1 Nr. 1 UrhG zukommen, weil dieser Slogan nicht die notwendige Schöpfungshöhe aufweist. Der Mangel der Schöpfungshöhe resultiert aus der folgenden Argumentation: Für einen Automobilhersteller ist es durchaus nahe liegend einen Werbeslogan zu kreieren, der die typischen Themen bezüglich der Automobilvermarktung anspricht: Leistung und Verbrauch. Diesbezüglich wird sicherlich keine Originalität, Eigentümlichkeit, Überdurchschnittlichkeit oder Kreativität vorausgesetzt.

Schlussfolgernd ist die persönliche geistige Schöpfung so niedrig, dass auch die unterste Grenze der urheberrechtlichen Schutzfähigkeit - die kleine Münze - nicht erreicht wird, und somit liegt kein Sprachwerk im Sinne des § 2 Abs. 1 Nr. 1 UrhG vor.

Auch kann die Abbildung der Bulldogge vor dem schwarzen Hintergrund mit einem kleinen Hundefressnapf nicht der Kategorie der **Lichtbildwerke** zugeordnet werden, weil diese kaum die Wiedergabe der bloßen Realität übersteigt.

- **Markenrecht**

Für die Anmeldung und Eintragung des **Werbeslogans** ins Markenregister des DPMA ist Unterscheidungs- und Herkunftsskraft Voraussetzung. Der vorliegende Slogan kann aber nicht die notwendige Individualisierung aufweisen, weil es lediglich die Automobilleistung beschreibt.

Ein markenrechtlicher Schutz des **Bildes** ist ebenfalls nicht möglich, weil es kein Kennzeichen darstellt.

Im Übrigen würde dem VW-Logo aber Schutz in Form einer Bildmarke zukommen, jedoch wurde dieses von BMW nicht plagiiert.

- **UWG**

Voraussetzung für die Anwendung des UWG ist eine geschäftliche Handlung, die unlauter ist und dazu geeignet ist die Interessen der Mitbewerber, Verbraucher oder sonstigen Marktteilnehmer spürbar zu beeinträchtigen.

Im vorliegenden Fall liegt bezüglich des **bildnerischen Werbemittels** eine nachschaffende Leistungsübernahme vor, weil die finnische Werbeagentur eine eigene Leistung erbringt, indem sie einen anderen Hund einsetzt. Die Anforderung der Unlauterkeit erfüllt diese Übernahme, trotz starker Orientierung am Original allerdings nicht, da lediglich die Idee übernommen wurde und Ideen grundsätzlich dem Freihaltebedürfnis unterliegen.

Der **Werbeslogan** ist hingegen eine eins zu eins Kopie und somit eine unmittelbare Leistungsübernahme. Die Begründung der Unlauterkeit der unmittelbaren Nachahmung des Werbeslogans liegt in der folgenden Argumentation: Die Kosten der Übernahme sind gering gegenüber denen des Hervorbringens der Leistung, d h. der Plagiator fügt dem Erbringer der Leistung einen Schaden zu, weil dieser Kapital, Zeit und Know-How aufwandte, die der Plagiator nicht mehr auf sich nehmen muss. Er nutzt einfach den Slogan für eigene Erwerbszwecke aus. Auf Grund der entfallenen Kosten für die Hervorbringung der Leistung, könnte der Plagiator sogar günstiger anbieten und hätte somit einen weiteren Vorteil durch die Kopie fremder Leistung. Zusätzlich widerstreben diese Umstände dem Fortschrittsgedanken und der Möglichkeit der Bereicherung der Allgemeinheit, denn der Anreiz zur Weiterentwicklung wird genommen.[114]

Diese aufgeführten Nachteile für den Hervorbringer der Leistung sind nachvollziehbar und zutreffend, aber das UWG schützt nur vor unlauteren Wettbewerbshandlungen. Somit kann nur die Art und Weise der Übernahme des fremden Arbeitsergebnisses unlauter sein.

Bei der vorliegenden Fallbetrachtung erfolgt eine Übernahme des Werbeslogans ohne die Markenzeichen des begründenden Unternehmens, sodass demzufolge der wenig herkunftshinweisende Slogan „More power, less consumption" nicht die Anforderungen der besonderen unlauteren Umstände erfüllt.

Im Ergebnis steht der Werbekampagne von VW weder urheberrechtlicher noch marken-rechtlicher Schutz zu. Auch erfüllt das zunächst vermutete Werbeplagiat nicht die Anforderungen der besonderen unlauteren Umstände, sodass die Werbekampagne schlussfolgernd dem Grundsatz der Nachahmungsfreiheit unterliegt.

Das Werbekonzept von King Helsinki ist somit kein Plagiat.

5.2. Beispiel 2: Scholl – Citroën

Zuvor wurden zwei Werbeplakate analysiert, die für dieselbe Branche - in dem Fall die Automobilindustrie - ausgerichtet wurden. Es existieren aber auch vermeintliche Werbeplagiate, die aus einer anderen Branche, als der ihrer plagiieren.

Das nachfolgende Beispiel fokussiert genau so eine Fallsituation, in der die Handlungen identisch sind, aber für zwei unterschiedliche Produkte geworben wird.

Die Werbespots können unter der angegebenen URL ausführlich angeschaut werden. Zur Erhaltung des Leseflusses repräsentieren vereinzelte Screenshots auch hier die Spots.

---

[114] Vgl. Luchterhandt, H.-F. (1969), S. 585 ff.

Scholl Deodorant   **Citroën C3 Automobil**

Abb. 9: Screenshots zum Werbespot Scholl Deodorant
Quelle: Entnommen aus:
http://www.joelapompe.net/page/11/, Stand 20.12.2010, Werbeagentur: Young & Rubicam (Argentinien), Veröffentlichung: 1992.

Abb. 10: Screenshots zum Werbespot Citroën C3 Automobil
Quelle: Entnommen aus:
http://www.joelapompe.net/page/11/, Stand 20.12.2010, Werbeagentur: Euro RSCG Düsseldorf (Germany), Veröffentlichung: 2006.

Die Handlungen der beiden Werbespots haben folgenden identischen Ablauf:

Eine männliche Person befindet sich auf einem Steg am See und taucht seine Füße ins Wasser. Daraufhin tauchen tote Fische an der Wasseroberfläche auf, worauf die Person zunächst sehr irritiert und anschließend beschämt reagiert.

Die Intentionen der Spots sind allerdings sehr unterschiedlich.

In dem Spot der argentinischen Werbeagentur (Abb. 9) wird ein Deodorant für die Füße beworben. Zielsetzung des Citroën Werbespots (Abb. 10) ist es allerdings mit Hilfe des Arguments, dass der Citroën C3 der sauberste Diesel in seiner Klasse ist, diesen zu vermarkten.

Im Anschluss wird analysiert, ob der Citroën-Werbespot ein Werbeplagiat vom Scholl-Spot ist. Dies setzt aber eine Schutzfähigkeit der Fußdeo-Werbung voraus.

- **Urheberrecht**

Ein Filmwerkschutz gemäß § 2 Abs. 1 Nr. 6 UrhG würde bei individueller Schöpfung in der Kameraführung, dem Schnitt etc. in Betracht kommen.

In dem vorliegenden Werbespot ist aber lediglich die Handlung identisch, so daß urheberrechtliche Schutzfähigkeit auszuschließen ist.

- **Markenrecht**

Entsprechend 3.2.3.4. ist ein Schutz von Werbespots aus markenrechtlichen Gesichts-punkten nicht möglich.

- **UWG**

Da der Original-Werbespot von der deutschen Werbeagentur mit eigenem Aufwand nachgedreht wurde und somit keine eins zu eins Kopie ist, fällt es in die Kategorie der nachschaffenden Leistungsübernahme. Die Voraussetzung der Unlauterkeit zur Charak-terisierung eines Werbeplagiats wird zudem auch nicht erfüllt, weil lediglich die Handlungsidee imitiert wurde. Im Fokus des Fortschrittsgedankens steht aber der Grundsatz, dass Ideen frei bleiben müssen.

Zusammenfassend ist festzustellen, dass die hier analysierte immaterialgüterrechtliche Schutzfähigkeit ausgeschlossen werden kann und die Übernahme des fremden Arbeits-ergebnisses nach dem UWG lauter ist.

Die Werbeagentur des Auftraggebers Citroën hat den Werbespot von Young & Rubicam somit nicht plagiiert.

5.3. Fazit

Aus der Analyse der beiden Beispiele lässt sich schlussfolgern, dass entgegen des ersten Eindrucks des Vorliegens eines Werbeplagiats, die hinter dem Werbemittel stehende Grundidee nachgeahmt wurde, die (wie bereits erläutert) dem Freihaltebedürfnis unterliegt.[115]

5.4. Exkurs: Fake-Werbung

5.4.1. Einführung

Im Zuge des technischen Fortschritts und der Popularisierung des Internets hat die Nachahmung von Werbung eine neue Form erlangt, indem sie Einzug in den Bereich der privat handelnden Person gefunden hat und somit die Fake-Werbung entstanden ist.

5.4.2. Begriffsbestimmung

Der Begriff *Fake-Werbung*[116] bezeichnet jede unautorisierte Form der Werbung, die auf Grund ihrer Gestaltung beim Adressaten die Wirkung hervorruft, als sei diese vom Hersteller des beworbenen Produkts in Auftrag gegeben worden.

Die Definition lässt vermuten, dass diese unter die bereits geläufigen Formen der Satire bzw. Parodie einzuordnen ist. Der Unterschied besteht aber darin, dass die Fake-Werbung vom Empfänger nicht als Satire oder Parodie, auf Grund der professionellen graphischen Darstellung und der nicht ersichtlichen Übertreibung, erkannt wird.[117]

Beispiel für ein Fake-Werbespot (Abb. 11): Ein Mann vermutlich arabischer Abstammung (erkennbar am Palästinenser-Tuch) möchte sich vor einem belebten Café mit seinem PKW (VW Polo) in die Luft sprengen. Dies tut er auch und löst eine Explosion mit Hilfe eines Feuerzeugs aus. Der VW Polo wird allerdings überhaupt nicht beschädigt und die Café-Gäste bemerken die Explosion nicht. Abschließend erscheint das von VW verwendete Slogan: *Polo. Small but tough.*

---

[115] Vgl. *Köhler* in Baumbach / Hefermehl 2010 § 4 Rn. 9.43 a; BGH GRUR 2005, 166, 168; BGH WRP 2009, 1374 Tz 21; OLG Köln WRP 2007, 682, 685.
[116] Sosnitza, O. (2010), S. 106 ff.
[117] Vgl. Sosnitza, O. (2010), S. 106 ff.

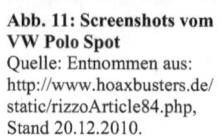

Abb. 11: Screenshots vom
VW Polo Spot
Quelle: Entnommen aus:
http://www.hoaxbusters.de/
static/rizzoArticle84.php,
Stand 20.12.2010.

Signifikant für eine Fake-Werbung ist, dass diese größtenteils von Privatpersonen in ihrer Freizeit ohne finanzielle Interessen erstellt wird; zumal moderne Graphiktools dies jeder Person mit technischem Know-How ermöglichen. Das geographisch grenzenlose Internet bietet zusätzlich eine Plattform, um den Fake mit Hilfe des Viral Marketings (gezieltes Auslösen von Mundpropaganda[118]) global zu popularisieren.

Resultierend aus der Praxisrelevanz bezieht sich die nachfolgende Untersuchung zur möglichen Haftung nur auf privat handelnde Personen und lässt geschäftliches Handeln außen vor.

5.4.3. Ansprüche des Begründers

5.4.3.1. Urheberrechtliche Ansprüche des Begründers

Entgegen des Marken- und Wettbewerbsrechts besteht keine Urheberrechtsfreiheit der privaten Sphäre, d.h. Privathandlungen können ebenfalls Urheberrechte verletzen.

Bezüglich der unautorisierten Form der Werbung könnte § 24 Abs. 1 UrhG mit Hilfe der freien Benutzung eines fremden Werkes die Privatperson schützen. Dieses ist erfüllt, wenn die entnommenen Züge des benutzten Werkes im neu geschaffenen Werk verblassen[119].

Definitionsgemäß treffen diese Eigenschaften auf die Fake-Werbung zu, weil die Übernahme der Züge vom verständigen Adressaten nicht erkannt wird und die Werbung folglich irrtümlich dem Originalhersteller zugeordnet wird.

Darüber hinaus ist es für den Urheberrechtsschutz irrelevant, dass die Privatperson bei der Erzeugung des Werkes Rechte Dritter verletzt. Es gilt: Erlangt ein Werk Schutz

---

[118] Vgl. Langner, S. (2009), S. 27 ff.
[119] Vgl. *Ahlberg* in Ahlberg / Nicolini § 24 Rn. 7; *Nordemann* in Fromm / Nordemann § 23 Rn. 41 ff.; Rehbinder, M. (2008), Rn. 377 ff.

nach dem UrhG, so besteht dieser über die gesamte Schutzdauer hinweg und kann nicht rückwirkend erlöschen.[120]

Abschließend stehen dem Begründer, als dem Urheber der Werbung, somit keine Ansprüche nach dem UrhG zu, weil die Erstellung und Veröffentlichung der Fake-Werbung nicht der Zustimmung des Urhebers unterliegt.

5.4.3.2. Marken- und wettbewerbsrechtliche Ansprüche des Begründers

Ansprüche aus dem MarkenG können nicht gegenüber reinen Privatpersonen (Personen, die nicht zum Zwecke ihrer gewerblichen oder sonstigen beruflich-selbständigen Tätigkeit handeln, § 13 BGB) geltend gemacht werden, weil der Wortlaut des § 14 Abs. 2 MarkenG *geschäftlichen Verkehr* voraussetzt. Im UWG sind hauptsächlich *Mitbewerber* i. S. v. § 2 Abs. 1 Nr. 3 UWG anspruchsberechtigt.

Schlussfolgernd kommen rein privat Handelnden, die Fake-Werbung erstellen und der Öffentlichkeit zugänglich machen, keine marken- und wettbewerbsrechtlichen Ansprüche zu.

5.4.3.3. Bürgerlich – rechtliche Deliktsansprüche des Begründers

Im Rahmen des Bürgerlichen Rechts kommen für den Begründer Deliktsansprüche, insbesondere wegen Kreditgefährdung nach § 824 Abs. 1 BGB in Betracht.

Die Verbreitung wahrheitswidriger Behauptungen setzt die „ … Erschütterung des Vertrauens Dritter in die wirtschaftliche Seriosität und Bonität des Verletzten .. "[121] voraus. Je nach Thema und Gestaltung der Fake-Werbung kann die Voraussetzung durchaus zutreffend sein, wenn das vom Originalhersteller aufgebaute Markenimage in dem Ausmaß beeinträchtigt wird, dass sich dies negativ auf den Umsatz des betroffenen Unternehmens auswirkt.

Folge der unerlaubten Handlung nach § 824 BGB ist die Verpflichtung zum Schadensersatz und zum Widerruf der kreditschädigenden Behauptung.[122]

5.4.4. Fazit

Der Begründer des beworbenen Produktes hat marken-, wettbewerbs- und urheberrechtlich keine Möglichkeiten gegen die Erstellung und Veröffentlichung von Fake-Werbung

---

[120] Vgl. *Hertin* in Fromm § 2 Rn. 28; *Schricker* in Loewenheim § 2 Rn. 72.
[121] Sosnitza, O. (2010), S. 111.
[122] Vgl. Sosnitza, O. (2010), S. 112.

rein privat handelnder Personen vorzugehen. Einzig Schadensersatz und der Widerruf der kreditschädigenden Behauptung im Rahmen der bürgerlich-rechtlichen Deliktsansprüche sind realisierbar.

Unternehmen gehen aber trotz der Tatsache, dass Fake-Werbung die ursprüngliche Werbebotschaft verzerrt, gegen diese nicht vor. Es besteht auch kein Anlass, weil Fake-Werbung - selbst geschmacklose, unternehmenskritische und kompromittierende - willkommene Zusatzwerbung darstellt. Der Grund liegt in der Neugier des Menschen auf die nicht alltägliche bzw. kommerzielle Werbeform, die mit Hilfe von Viral Marketing und dem World Wide Web rasant popularisiert wird.

Schlussfolgernd erlangt das betroffene Unternehmen das knappe Gut der Aufmerksamkeit und dies sogar ohne eine kostenintensive Werbekampagne.

6. Der Präsentationsschutz von Werbekonzepten als Möglichkeit der Prävention von Werbeplagiarismus

6.1. Einführung

Trotz des Analyseergebnisses der zwei Anwendungsbeispiele (Kapitel 5) ist weiterhin fragwürdig, wie der Aufwand, den eine Werbeagentur zur Findung der Werbeidee und zur ersten Ausarbeitung betreibt, Anerkennung findet.

Zeitlich betrachtet ist der Veröffentlichung der Werbekampagne ein Werbekonzept vorangestellt, das Aufträge akquirieren soll. Die Ausbeutung dieser Vorleistung muss schlussfolgernd schon vor Auftragserteilung verhindert werden. Präventiv würde ein Präsentationsschutz von Werbekonzepten wirken, der allerdings sehr umstritten ist.

Im Anschluss werden die Grundzüge des Präsentationsschutzes von Werbekonzepten dargestellt und der mögliche Schutz aus Sicht des Urheberrechts, der formellen Schutzrechte und des Wettbewerbsrechts erschlossen.

6.2. Grundzüge des Präsentationsschutzes von Werbekonzepten

In der Literatur begegnet man dem „ ... stereotypen Satz ... Werbeideen seien nicht schutzfähig ..."[123]. Basis einer Werbekonzeption bildet aber die Werbeidee, die zu einer Werbekonzeption entfaltet und in der Werbekampagne realisiert wird. Auf Grund des fließenden Übergangs ist es fraglich, auf welche Art und welches Entwicklungsstadium von Werbeideen die stereotype Aussage zutreffend ist, die folglich den gesetzlichen Schutz verwehrt. Weiterhin ist zu betrachten, ob das Immaterialgüterrecht Regelungen bereithält, die es erlauben, von der isolierten Betrachtung der einzelnen Werke abzuweichen und Konzepte als komplexe Werke zu berücksichtigen.[124]

Elementar betrachtet, steht Werbekonzepten dieselbe Funktion wie Rezepten zu, denn diese sind letztlich „ ... Handlungsanleitungen im Umgang mit Einzelkomponenten ..."[125]. Das Konzept liefert demzufolge einen detaillierten Plan die Werbeidee in die Praxis umzusetzen und stellt somit einen Leitfaden für Werbeaktivitäten während eines bestimmten Zeitraums dar.[126]

In der Werbebranche unterliegen diese Konzeptionen einer Gliederung in einen analytischen und einen gestalterischen Teil.

---

[123] Schricker, G. (1996), S. 816.
[124] Vgl. Schricker, G. (1996), S. 821 ff.
[125] Breucker, M. / Wüterich, C. (2004), S. 390; *Köhler* in Baumbach / Hefermehl 2010 § 18 Rn. 9.
[126] Vgl. Pühringer, A. (2002), S. 62 f.

Im Rahmen des analytischen Teils werden die Wettbewerbsposition des Unternehmens, mögliche Zielgruppen, Vertriebswege, Konsumtrends etc. anhand von z.B. Kundeninformationen, Statistiken, Marktanalysen und Verbraucherbefragungen aufgezeigt. Inhalt des gestalterischen Teils ist die Entwicklung von Kommunikationsstrategien, Identifizierung der Zielgruppe und die meist sehr detaillierte Auswahl der Werbemittel (Werbeslogan, Werbespot, Gewinnspiel, Plakate etc.).

Eine hohe praktische Relevanz würde der Präsentationsschutz erfahren.[127]

Darunter ist die vorvertragliche Kundenakquisition zu verstehen, in der Werbeagenturen bzw. Designer mit ihren Werbekonzepten in Vorleistung treten und Gefahr laufen, dass Interessenten die Entwürfe eigenmächtig benutzen oder an Dritte weiterleiten, ohne den Auftrag zu erteilen. Ferner ist der Präsentationsschutz für so genannte pitches (Wettbewerbspräsentation im Kampf um einen Auftrag, Etat oder Klienten, bei der eine Werbeagentur einem potentiellen Kunden seine Leistungen und Konzepte vorstellt[128]).

Das nachfolgende Beispiel zeigt die Folgen, wenn kein Wert auf den Präsentationsschutz gelegt wird.

---

[127] Vgl. Zentek, S. (2007), S. 507 ff.
[128] Vgl. http://www.cekom.de/87g69/Pitch.htm, Stand 20.12.2010.

Abb. 12: Pet flea & tick spot on - "Never keep a parasite"
Quelle: Entnommen aus: http://www.joelapompe.net/page/3/, Stand 20.12.2010,
Werbeagentur: Shanghai J&J Advertising Co., Ltd (Shanghai China),
Copywriters: Aaron Cheng, Zhang Yunfan, Chen Rui, Veröffentlichung: April 2009.

Abb. 13: Petzone - "Don't let ticks and fleas become your pets"
Quelle: Entnommen aus: http://www.joelapompe.net/page/3/, Stand 20.12.2010,
Werbeagentur: Tonic International Dubaï (UAE), Copywriters: Vincent Raffray,
Veröffentlichung: August 2010.

Bei dieser Werbekampagne hat eine exakte Übernahme der Werbegrafik stattgefunden, lediglich in dem Slogan und dem Werbeprodukt besteht ein Unterschied.

6.3. Urheberrechtlicher Schutz von Werbekonzepten

Fraglich ist, ob und wie die Leistung der Werbeagenturen bezüglich Werbekonzepten im Urheberrecht ihre Anerkennung finden kann.

In Deutschland herrschen diesbezüglich divergierende Ansichten.

Gerhard Schricker plädiert für einen weiten urheberrechtlichen Schutz, der nicht nur die Konzeptionen, sondern auch die Werbeidee integriert. Das Erfordernis der eigenpersönlichen körperlichen Formgebung zum Schutze der Werbeidee ist laut Gerhard Schricker durch den Ausdruck in einer Werbekonzeption gegeben.

Die Schöpfungshöhe wird durch das Zusammenspiel der multiplen, analytischen und gestalterischen Elemente ebenfalls erfüllt, sodass schlussfolgernd „ Der Schutz der Werbeidee .. sich gleichsam als die Essenz des Schutzes der Werbekonzeption als .. komplexe[s] Werk[..] dar [stellt]"[129]. Weiterhin führt Gerhard Schricker zur ausreichenden Würdigung der Konzeption als komplexe Leistung die Möglichkeiten auf Werbekonzepte unter § 4 UrhG zu subsumieren oder den Werkkatalogs des UrhG um das *komplexe Werk eigener Art* auszuweiten.

Die Überlegung, das Werbekonzept unter § 4 UrhG zu subsumieren, ist nicht zielführend, weil ein Werbekonzept keine Zusammenstellung von bereits vorhandenen Materialien ist, wie dies typisch für ein Sammelwerk ist (Adressbücher, Lexika etc.).

Das Plädoyer zur Erweiterung des Werkkatalogs des UrhG um das *komplexe Werk eigener Art* ist ebenfalls kritisch zu betrachten. Sein Vergleich basiert auf dem Argument, dass Werbekonzeptionen ähnlich der Filmwerke (§ 2 Abs. 1 Nr. 6 UrhG) „ ... regelmäßig als einheitliche Werke in Erscheinung [treten] und .. durch das organisierte Zusammenspiel der eingesetzten Einzelelemente ein einheitliches kommunikatives Programm [verwirklichen]"[130]. Entgegen einem Filmwerk verschmelzen aber die zahlreichen Elemente nicht zu einem untrennbaren Werk, denn jeder Teil des Werbekonzepts kann verändert oder entnommen werden ohne dem Gesamtkonzept die Basis zu entziehen.[131]

Paul W. Hertin hingegen vertritt die Auffassung, dass der urheberrechtliche Schutz bei Werbekonzeptionen und Werbeideen, auf Grund der von der Formgebung losgelösten Idee, versagt. Auch lässt er das Argument der Komplexität von Werkleistungen für die Einbeziehung schutzunfähiger Elemente nicht greifen, weil dies mit der höchstrichterli-

---

[129] Schricker, G. (1996), S. 826.
[130] Schricker, G. (1996), S. 823.
[131] Vgl. Pühringer, A. (2002), S. 67 ff.

chen Rechtsprechung nicht im Einklang ist.[132] Demnach wird der urheberrechtliche Schutz der Werkzusammenstellung verweigert, wenn die Zusammenstellung „ ... nur aus den gemeinsamen abstrakten Merkmalen einer größeren Anzahl von Einzelwerken besteht. Denn solche Merkmale sollen grundsätzlich frei bleiben und der Monopolisierung durch einen Urheber entzogen werden."[133]

Gerhard Schrickers Intention, durch die Qualifizierung der Werbekonzeption als komplexes Werk, die dahinterstehende Idee zu schützen, verhilft abschließend zu keinem urheberrechtlichen Schutz. Entsprechend dem internationalen Konsens erstreckt sich der Immaterialgüterschutz *auf Ausdrucksformen und nicht auf Ideen, Verfahren, Arbeitsweisen oder mathematische Konzepte als solche* (Art. 9 Abs. 2 TRIPS).

Ebenfalls hat das Oberlandesgericht Köln in dem Beschluss vom 22.06.2009 (Az. 6U 226/08) die urheberrechtliche Schutzfähigkeit von Werbekonzepten verneint.

In dem Sachverhalt entwickelte eine Werbeagentur für den Paketdienst DHL das Werbekonzept *DHL goes Space* und präsentierte dieses im Jahr 2004. DHL erteilte aber keinen Auftrag. 2008 führte DHL die daran angelehnte Werbekampagne *DHL im Weltall* durch, ohne die klagende Werbeagentur zu beteiligen.

Die Begründung des OLG Köln zur Entscheidung besteht in der Auffassung, dass Konzepte nur als eine „ ... Anleitung zur Formgestaltung gleichartiger anderer Stoffe ..."[134] dienen.

Schlussfolgernd finden Werbekonzepte keinen Schutz im Urheberrecht, womit aber keine Geringschätzung der fachlichen Leistungen der Werbeagenturen verbunden werden soll. Im Ergebnis bleibt somit die kreativitätsfördernde Freiheit hinsichtlich der Auswahl von Methoden, Konzepten und Marketingstrategien unter dem Vorbehalt, dass bei der gestalterischen Umsetzung der erforderliche Abstand gewahrt wird, erhalten.

6.4. Formelle Schutzrechte des Werbekonzepts

Nach der Feststellung, dass das Urheberrecht Werbekonzepten keinen Präsentationsschutz bietet, sollte der Möglichkeit Entwürfe bzw. Werbekonzepte im Vorfeld vor Präsentationen durch formelle Rechte schützen zu lassen, nachgegangen werden.

---

[132] Vgl. BGHZ 5,1,4 = GRUR 1952, 516, 516 f.
[133] Hertin, P. W. (1997), S. 811.
[134] OLG Köln 2009, Az. 6 U 226/08 – DHL im All.

Die Eintragung in das Geschmacksmusterregister der DPMA vor einer Präsentation des Werbekonzepts löst den Lauf der begrenzten Schutzfrist aus, obwohl der Designer sich noch in dem ungewissen Stadium der Kundenakquise befindet. Bei mehreren erfolglos verstrichenen Jahren wirkt sich dies negativ auf die Konditionen aus, weil die Schutzdauer auf maximal 25 Jahre (§ 27 Abs. 2 GeschmMG) beschränkt ist.

Der Markenschutz bietet zwar zeitlich beliebige Verlängerungen, ist aber mit hohen Kosten verbunden.[135]

In der Konsequenz stehen der Anmeldung als Geschmacksmuster oder in Form einer Marke zwar keine rechtlichen, aber praktischen Hindernisse entgegen.

6.5. Wettbewerbsrechtlicher Schutz der Werbekonzepte

Nach der Erkenntnis, dass das Urheberrecht und formelle Schutzrechte keine geeignete Basis für die Regelung der unbefugten Verwertung von Werbekonzeptionen bieten, wird nachfolgend erläutert, dass die Subsumtion von Konzepten unter § 18 UWG *Verwertung von Vorlagen* durchaus zutreffend ist. Diese unscheinbare Norm, die von der Textilindustrie vor ca. 100 Jahren unter dem Begriff der Vorlagenfreibeuterei mit der Intention eingeführt wurde dem Diebstahl an neu kreierten Spitzenmustern zu begegnen, bildet das Zentrum des Präsentationsschutzes. Vermutlich wird die Vorschrift, auf Grund des vordergründigen Wortlauts der Strafbarkeit, in ihrem Umfang nicht ausreichend beachtet.[136]

Nach heutiger Betrachtung besteht der Zweck der Norm darin, das Streben nach einem Wettbewerbsvorsprung durch Vertrauensbruch zu sanktionieren[137] und das Interesse an einer ungestörten Nutzung eigener Entwicklungen zu schützen.

In der folgenden Argumentation wird die Anwendung von Werbekonzepten auf § 18 UWG dargestellt.

Die Bezeichnung *Vorlagen technischer Art* beschränkt sich nicht auf das Merkmal der Vorlage[138] und schliesst (entgegen dem Technikbegriff im Patentrecht) wissenschaftliche oder künstlerische Arbeiten ein[139], sodass dies der Anwendung auf Werbekonzeptionen nicht entgegensteht. Zudem spricht der Fokus des § 18 UWG - Vertrauensbruch durch die unbefugte Verwertung von Vorlagen zu Zwecken des Wettbewerbs oder aus

---

[135] Vgl. Zentek, S. (2007), S. 507 ff.
[136] ebd.
[137] Vgl. BGH GRUR 1982, 225, 226.
[138] Vgl. *Fezer* in Fezer 2009 § 18 Rn. 10; *Ohly* in Köhler / Piper 2010 § 18 Rn. 4.
[139] Vgl. *Harte-Bavendamm* in Harte-Bavendamm / Henning-Bodewig § 18 Rn. 4.

Eigennutz - , dass die Eigenart, Beschaffenheit oder gar Qualität von Leistungen außer Acht bleiben. Daraus darf aber nicht die Schlussfolgerung gezogen werden, dass gar keine Anforderungen an Vorlagen gestellt werden. Die Grenze der Eingriffskondiktion ist erreicht, sobald der Entwurf nicht das Minimum der eigenen Verwertbarkeit im Sinne der selbständigen Marktfähigkeit unterschreitet.[140]

Die nachfolgenden Anspruchsvoraussetzungen des § 18 UWG werden ebenfalls von Werbekonzepten erfüllt.

Die Bedingung *Anvertrauen* ist durch fehlende Offenkundigkeit oder Geheimhaltungs-vereinbarungen gegeben. Ein Außenverhältnis zwischen dem Anvertrauenden und dem Empfänger - d.h. nicht der innerbetriebliche Verkehr zwischen Beschäftigten - erfüllt zudem das Erfordernis des *geschäftlichen Verkehrs* gemäß § 18 Abs. 1 UWG. *Unbefug-te Verwertung* ist durch „ ... jede über den Präsentationszweck hinausgehende [unbe-fugte Handlung], die dem Interesse des Anvertrauenden zuwider läuft ...“[141] ebenso erfüllt.

Schlussfolgernd ist die Subsumtion des Präsentationsschutzes unter § 18 UWG zu bejahen, auch vor dem zuvor erläuterten Hintergrund, dass das Bestreben der Norm in der Sanktion von Vertrauensbrüchen zum Zweck eines Wettbewerbvorsprungs oder Eigennutzes liegt.

Auf der Rechtsfolgenseite löst ein Verstoß gegen § 18 UWG neben strafrechtlichen Folgen (nachfolgend nicht näher betrachtet) auch zivilrechtliche Ansprüche aus.

Die Unterlassungspflicht geht aus § 18 UWG i. V. m. §§ 3, 8 UWG hervor und der Anspruch auf Schadensersatz kann aus den Normen § 18 UWG i. V. m. § 823 BGB (analog § 1004 BGB) und § 826 BGB verfolgt werden.

Schöpfer, die sich gegen unbefugte Verwertung nicht mit Strafverfahren zur Wehr setzen möchten, sondern möglichst Unterlassungs- bzw. Schadensersatzansprüche gelten machen wollen, sollten § 18 UWG in Erwägung ziehen.

Bisher sind allerdings trotz der Möglichkeit der dreifachen Schadensberechnung (entgangener Gewinn, Verletzergewinn oder Schadensschätzung nach Grundsätzen der Lizenzanalogie) nur wenige Fälle aus der Rechtsprechung bekannt, in denen Schutz nach § 18 UWG beansprucht wurde.[142]

---

[140] Vgl. OLG Karlsruhe NJW-RR 2000, 1005, 1006.
[141] Vgl. Zentek, S. (2007), S. 507 ff.
[142] Vgl. Breucker, M. / Wüterich, C. (2004), S. 390; Zentek, S. (2007), S. 507 ff.

6.6. Fazit

Die Basis für eine große Anzahl an Auftragseingängen bildet ein gut strukturiertes Werbekonzept, denn um so intensiver ein Werbekonzept ausgearbeitet wurde, um so Erfolg versprechender ist die Werbekampagne. Dies führt wiederum dazu, dass je detaillierter die Entwürfe sind, desto höher auch die Gefahr der Übernahme der Vorlagen ohne Erwerb der Nutzungsrechte ist.

Wie zuvor erläutert, unterfällt der Präsentationsschutz von Werbekonzepten nicht dem Urheberrecht, noch stehen praxisnahe formelle Schutzrechte zu Verfügung. Allein die Vorlagenfreibeuterei nach § 18 UWG sanktioniert den Wettbewerbsvorsprung, den Verwerter unbefugt erlangen, um das Interesse des Begründers an einer ungestörten Nutzung eigener Entwicklungen zu schützen.

7. Die Präsenz der Problematik des Werbeplagiats beim Endverbraucher und bei Werbeagenturen

7.1. Einführung

Nach juristischer Einordnung des Themas Werbeplagiarismus wird nun der folgende Beitrag aufzeigen, welchen Stellenwert Werbeplagiate beim Endverbraucher und bei Werbeagenturen einnehmen.

Basis der Einordnung des Stellenwertes bilden zwei Studien: die „Endmark-Claim-Studie" und die „Studie über die Verbreitung von Plagiarismus und Gegenmaßnahmen in Werbeagenturen in Deutschland".

Die Endmark-Claim-Studie (Claim = synonym zu Slogan) zeigt am Beispiel des Werbeslogans - stellvertretend für andere Werbemittel - welchen Standpunkt diese bei denjenigen haben, an die diese gerichtet sind: den Endverbraucher. Mit diesem Beitrag soll die Relevanz von Werbeplagiaten für den Konsumenten dargestellt werden. Denn wenn Werbeslogans nicht die gewünschte Wirkung beim Konsumenten erreichen, so verlieren auch Werbeplagiate ihre praktische Relevanz, sodass die Problematik des Werbeplagiats verpufft, weil die Nachahmung keinen Einfluss auf die Zielgruppen ausübt.

Anschließend bleibt nur noch offen welchen Standpunkt Werbeagenturen gegenüber Werbeplagiaten einnehmen, denn schließlich sind Werbeagenturen die eigentlichen *Macher* der Werbung.

Wird das Thema bagatellisiert, z.B. mit der Begründung, dass ein wirklich kreativer Mensch genügend Ideen haben muss und es deshalb unerheblich ist, ob seine Leistungsergebnisse plagiiert werden? Wird Plagiarismus zwischen Werbeagenturen eventuell sogar als Kompliment verstanden?

7.2. Analyse der Präsenz beim Endverbraucher anhand der Endmark-Claim-Studie

Die Studie basiert auf quotierten Straßeninterviews, die in Hamburg, Köln, Leipzig und München im Erhebungszeitraum Juli bis August 2009 durchgeführt wurden. Die Grundgesamtheit besteht aus 1014 männlichen und weiblichen Personen zwischen 14 und 49 Jahren mit Deutsch als erste Muttersprache. Untersuchungsgegenstand sind zehn unterschiedliche nur aus englischen Vokabeln bestehende Claims, die sich an den Endverbraucher richten. Zur Sicherstellung der richtigen Intention der Slogans wurden die markenverantwortlichen der betroffenen Marken vorab kontaktiert und zu ihrer gewünschten Aussage befragt.

Die Studie wurde nach 2003 und 2006 im Jahr 2009 bereits zum dritten Mal durchgeführt. Im Jahr 2009 liefert diese folgende Ergebnisse:

Ranking	Verstanden (%)	Claim	Absender	Intendierte Übersetzung des Absenders	Die skurrilsten Übersetzungen durch Befragte (selektive Beispiele)
01	48	**Sense and Simplicity**	PHILIPS	Sinnvoll und einfach/unkompliziert (zu bedienen)	Sinn und Einfalt / Denke simpel
02	35	**Explore the City Limits**	OPEL ANTARA	Erkunde die Grenzen der Stadt	Das Stadtlimit explodiert / Explosionen an der Stadtgrenze / Erobere die Stadtgrenze
03	34	**Taste Tuned**	KARLSBERG MIXERY	Verstärkter/„getunter" Geschmack	Probier mal diese Tunes / Die Taste ist getuned / Geschmacksverstärker / Geschmack dreht Dich um
04	32	**It's an addiction**	HUMANIC	(Humanic) macht süchtig / Es ist eine Sucht / Die Schuhsucht	Es ist eine Addition / Es ist ein Süchtiger / Es ist Werbung
05	30	**Broadcast Yourself**	YOUTUBE	Sende (Dich) selbst	Mache Deinen Brotkasten selbst! / Oute Dich selbst / Entdecke Dich selbst
06	24	**Design Desire**	BRAUN	Design-Verlangen / Verlangen nach Design	Gestaltungsdesaster / Designwüste / Zeichne Unordnung / Erfinde Wünsche
07	20	**Adjust your comfort zone**	ODLO	Finde deinen Komfortzustand / deinen besten Wohlfühlzustand. Jeder kann seinen Komfort einstellen	Nehmen Sie Ihre Schokoladenseite wahr / Passen Sie Ihre Bequemlichkeit an / Genieße Dein Inneres / Mach' es Dir gemütlich
08	15	**Shift the way you move**	NISSAN	Ändere die Art Dich zu (fortzu)bewegen	Schiebe den Weg und Du kommst voran / Mit dem Hebel den weg verändern / Verschiebe Deinen Bewegungsstil
09	14	**Live Unbuttoned**	LEVI'S 501	Sei frei / Sei du selbst / Lebe ungezwungen	Lebe nicht bodenständig / Unbekleidet leben / Lebendig angeknöpft
10	11	**World's Pleasure Authority**	LANGNESE MAGNUM	Die Welt-Behörde für Genuss / Das Welt-Genuss-Amt	Für eine autoritäre Welt / Lass die Autorität der Welt plätschern / Die Welt bittet um Autorität

Tabelle 1: Gesamtübersicht Ergebnisse der Endmark-Claim-Studie 2009
Quelle: Entnommen aus: http://www.mc-brandnews.de/fileadmin/Content/Downloads/PDF/brandnews/Dezember_2009_de/Markenclaims_Endmark_Studie.pdf, Stand 20.12.2010.

Eindeutiges Resultat ist, dass die werbliche Kommunikation nicht im Sinne der Absender funktioniert, denn nur ca. jeder Vierte (27,18 %) versteht die Botschaft der Werber richtig. Wieso sind dann trotzdem mehr englisch- als deutschsprachige Slogans auf dem Markt? Indizien dafür sind, dass Marken mit der englischen Sprache global wirken möchten, denn dies wirke moderner, jugendlicher und weltläufiger. Die vermeintliche Internationalisierung geht aber häufig zu Lasten des Verständnisses. Eine weitere Erklärung für den vermehrten Gebrauch von englischen Slogans liegt darin, dass dadurch mangelnde Fantasie der Werber überdeckt wird. Beispielsweise klingt „Bring Farbe in dein Leben" weniger originell als „Colour your life" (Slogan des privaten Fernsehsenders Sat.1).

Bleibt die Frage, ob die Konsumenten die Slogans überhaupt verstehen müssen, damit sie funktionieren. Befürworter englischsprachiger Slogans behaupten, das sei nicht notwendig. Das Phänomen, dass etwas einem gefällt, obwohl man es nicht versteht (z.B. Musik auf Sprachen, die man selbst nicht spricht), ist auch unter dem *Popmusik-Effekt* bekannt. Allerdings muss man zwischen Musik und Werbeclaims differenzieren, denn Musik bietet im Gegensatz zum Slogan einen Mehrwert, indem es Emotionen auslöst. Ein nicht verstandener oder missverstandener Claim ist „im besten Fall ... herausgeworfenes Geld", „Im schlimmsten Fall versteht der Kunde das Gegenteil der intendierten Botschaft."[143] Zum Beispiel wurde der Braun-Slogan „Design Desire" von Endverbrauchern teilweise auch mit „Gestaltungsunglück" übersetzt, was für den Kauf von Elektrogeräten nicht förderlich ist.

Werbeinsider plädieren dafür Slogans in der Muttersprache zu wählen, die sich auch in Alltagsgesprächen verwenden lassen könnten und damit omnipräsent werden. „Nicht immer aber immer öfter" (Clausthaler), „Nichts ist unmöglich" (Toyota) oder „Wohnst du noch, oder lebst du schon?" (Ikea) sind diesbezüglich einige gut funktionierende Beispiele.[144]

Nähere Informationen liefert der Anhang 3: Studienaufbau „Endmark-Claim-Studie 2009".

---

[143] Fichtel, K. (2009), S. 1.
[144] Vgl. Fichtel, K. (2009), S. 1; http://www.mc-brandnews.de/fileadmin/Content/
Downloads/PDF/brandnews/Dezember_2009_de/Markenclaims_Endmark_Studie.pdf;
http://www.spiegel.de/wirtschaft/unternehmen/0,1518,655050,00.html, Stand 20.12.2010.

7.3. Analyse der Präsenz bei Werbeagenturen anhand der Studie über die Verbreitung von Plagiarismus und Gegenmaßnahmen in Werbeagenturen in Deutschland

2006 führte die Gesellschaft für kommunikationsbasierte Sicherheitssysteme mbH im Auftrag der PriorMart AG eine Studie über die Verbreitung von Plagiarismus und Gegenmaßnahmen in Deutschland durch. Das Studiendesign beinhaltete eine Befragung anhand von Fragebögen in den kreativen Berufsgruppen. Befragt wurden Architekten, Designer, Drehbuchautoren, Werbeagenturen und Webdesigner.

Nachfolgend werden nur die Ergebnisse bezüglich der Befragung von Werbeagenturen aufgeführt.

Demnach waren 26,6 % der Befragten während ihrer Laufbahn mindestens einmal Opfer von Plagiarismus mit einem durchschnittlichen Schaden von ca. einer Million Euro. 3 % der Befragten gaben an, selbst des Plagiats bezichtigt zu sein und 14 % kennen Kollegen, die schon einmal des Plagiats bezichtigt wurden. Die Aufklärungsquote der betroffenen Agenturen liegt bei 21 %. Hinsichtlich der Schutzmaßnahmen ergab die Befragung, dass 10 % die Datensicherung wählen aber

71 % gar keine Schutzvorkehrungen gegen Plagiarismus treffen, obwohl 53 % die notarielle Hinterlegung als wirksamste Methode einschätzen. Auf die Frage „Glauben Sie, dass eine Dunkelziffer existiert und Werke von Ihnen kopiert wurden, ohne dass Sie bisher davon erfahren haben?" schätzten 78,3 % die Dunkelziffer auf 17,9 %.

50 % der befragten Werbeagenturen gehen von einer Zunahme der Gefahr durch Plagiarismus aus und ca. ein Fünftel fordert deswegen eine Verschärfung der Gesetze. Hingegen empfinden 40,3 % die Gesetzeslage als ausreichend.[145]

Das Fragebogendesign und die Ergebnisse der Studie sind unter Anhang 4: Studie über die Verbreitung von Plagiarismus und Gegenmaßnahmen in Werbeagenturen in Deutschland zu finden.

7.4. Fazit

Die Endmark-Claim-Studie brachte im Ergebnis hervor, dass Werbung keinen hohen Stellenwert beim deutschen Endverbraucher einnimmt. Ein Indiz dafür ist die mangelnde Bereitschaft der Konsumenten, die Hürde der Übersetzung der Slogans ins

---

[145] Vgl. http://www.priormart.com/pdf/studie_werbeagenturen_2006.pdf, Stand 29.12.2010.

Deutsche auf sich zu nehmen. Dies lässt die Schlussfolgerung zu, dass Endverbraucher ein geringes Interesse an der Auseinandersetzung mit Werbemaßnahmen aufweisen und somit auch der Problematik des Werbeplagiats keine große Aufmerksamkeit zukommen lassen.

Die Studie zum Thema Plagiarismus zeigte hingegen auf, dass Werbeplagiate in der Werbebranche nicht unbekannt sind und sich immer mehr zum Problem entwickeln, denn ein Viertel der befragten Werbeagenturen waren bereits von Plagiarismus betroffen und die Hälfte erwarten eine Zunahme der Problematik.

Allerdings besteht eine Diskrepanz zwischen dem Stellenwert des Themas und dem Bestreben bzw. der Fähigkeit, effiziente Schutzmaßnahmen zu treffen.

8. Gesamtfazit

Die Subsumtion unter die möglichen Schutzrechte ergab, dass nahezu jedes Werbemittel Schutzfähigkeit erlangen kann. Allerdings verfehlen diese rechtlichen Schutzmöglichkeiten die charakteristischen Züge des Werbeplagiats, denn eine Assoziation beider Werbekampagnen ist äußerst kontraproduktiv. Der Fokus des Werbeplagiats liegt vielmehr in der Übernahme der hinter den Werbemitteln stehenden Werbeidee. Ideen unterliegen aber dem Freihaltebedürfnis, sodass der Ausgangsthese, dass Werbeplagiate lediglich ein Problemphantom[146] darstellen, zugestimmt werden kann. Allerdings kann diese Zustimmung nur bedingt erfolgen, denn im Gegensatz zur immaterialgüterrechtlichen Sicht, befinden sich Werbeagenturen in einem Dilemma, weil diese mit einem Werbekonzept in Vorleistung treten müssen, um Kunden zu akquirieren. Die Ausbeutung dieser Vorleistung führt dazu, dass bei der Werbeagentur sowohl monetäre Verluste als auch Know-How Schäden entstehen.

In der Werbebranche zeigt die Problematik des Werbeplagiats bereits deutliche Präsenz. Nicht desto trotz verstoßen Werbeplagiate nach aktuellen gesetzlichen Bestimmungen gegen keine zuvor analysierten gewerblichen Schutzrechte.

Schlussfolgernd beschreibt der Satz „Die Idee hat ihren Preis – aber keinen Schutz"[147] das Fazit dieser Untersuchung durchaus treffend.

---

[146] Vgl. Schünemann, W. B. (1989), S. 111.
[147] http://www.hv-law.de/presse/14_JurisRechtsportal_29072009.pdf, Stand 29.07.2009.

9. Perspektive

Wagt man mit den zuvor gewonnen Erkenntnissen einen Blick in die Zukunft, so muss man feststellen, dass Werbeplagiarismus für den Plagiator nicht folgenlos bleiben darf. Ökonomisch betrachtet stellt Aufmerksamkeit bereits heute ein gefragtes Gut dar, weil entsprechend dem Überfluß an materiellen Gütern der Überfluß an Informationen überproportional zunimmt. Da der Mensch aber nur eine begrenzte Aufmerksamkeitskapazität hat, wird Aufmerksamkeit zunehmend zu einem knappen und begehrenswerten Gut. Michael H. Goldhaber tendiert sogar dazu, Aufmerksamkeit als eine neue nicht-materialistische Ökonomie einzustufen und prophezeit eine baldige Ablösung der Geldökonomie durch eine Aufmerksamkeitsökonomie.[148]

Fakt ist aber, dass „Aufmerksamkeit .. auch ein Kapital [ist], das Rendite abwirft und deshalb Besitzgier entfacht und Investoren anlockt."[149] Ohne rechtliche Konsequenzen führt diese Entwicklung zwangsläufig zu einem Ungleichgewicht im Wettbewerb.

Die Zunahme des Werbeplagiarismus verlangt folglich eine Auseinandersetzung mit der Thematik. Auftakt könnten Sensibilisierungs- und Präventionsmaßnahmen bilden.

Als Präventionsmaßnahme gegen das Plagiieren von Werbekonzepten könnte der Präsentationsschutz fungieren, der das Streben nach einem Wettbewerbsvorsprung durch Vertrauensbruch sanktioniert, jedoch wenig praxiserprobt ist. Aus diesem Grund ist es zu empfehlen, den Präsentationsschutz durch vertragliche Vereinbarungen abzurunden und Geheimhaltungsvereinbarungen zu schließen oder Vertraulichkeitshinweise auf den Konzeptionen zu nutzen, um Problematiken bei der Verwendungsbindung zu entgehen. (Z.B.: „ Dieser Entwurf ist vertraulich zu behandeln. Jede eigenmächtige Verwertung, auch in Teilen oder nach Abänderung, und / oder jede eigenmächtige Weitergabe an Dritte sind nach § 18 UWG untersagt"[150].)

Eine weitere Möglichkeit des Schutzes vor Werbeplagiaten bietet eine moderne Form der notariellen Hinterlegung, die vom Unternehmen PriorMart aus Potsdam entwickelt wurde. Im Falle des Vorwurfes des Plagiarismus ist dieser regelmäßig, auf Grund der mangelhaften Beweissicherung, nur sehr schwierig zu entkräften. Dieses Problem ließe sich durch eine notarielle Hinterlegung beheben, die sich durch eine hohe und dauerhafte Beweiskraft charakterisiert. Dies erfordert aber einen hohen Organisationsaufwand und ist sehr kostenintensiv. Das Unternehmen PriorMart stellte sich dieser Herausforde-

---

[148] Vgl. http://www.heise.de/tp/r4/artikel/6/6195/1.html, Stand 07.01.2011.
[149] http://www.lunapark21.net/archiv/lp21/lp21_0804_67-69.pdf, Stand 07.01.2011.
[150] Breucker, M. / Wüterich, C. (2004), S. 390.

rung und entwickelte ein Hinterlegungsdienst, bei dem der Kunde nur noch eine Datei über eine verschlüsselte Verbindung auf den Server lädt. Wie bei einer Datensicherung wird dann der aktuelle Arbeitsstand regelmäßig notariell hinterlegt, sodass der gesamte Schaffensprozess nachgewiesen werden kann. Nach eigenen Aussagen des Unternehmens ist die notarielle Hinterlegung dadurch so einfach wie der Versand einer E-Mail, sehr günstig und hat volle Beweisfähigkeit durch eine notarielle Prioritätserklärung.[151]

Diese Präventionsmaßnahmen zeigen nur die ersten Schritte im Rahmen der Eindämmung des Werbeplagiarismus auf, der - auf Grund seines fortschreitenden wettbewerbsverfälschenden Charakters - , nicht folgenlos bleiben darf.

---

[151] Vgl. http://www.priormart.com/pdf/studie_werbeagenturen_2006.pdf, Stand 29.12.2010.

Anhang

Anhang 1: Werbeeinnahmen der Medien (ZAW Online)

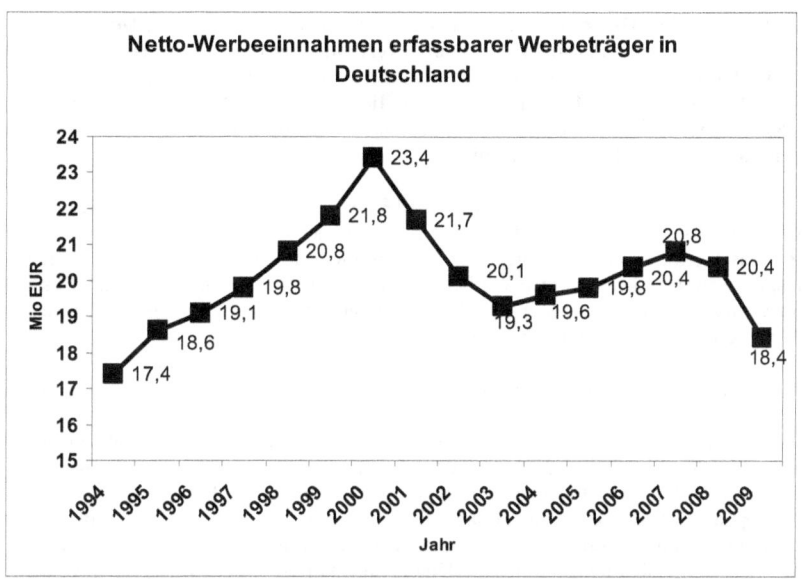

(nach Abzug von Mengen- und Malrabatten sowie Mittlerprovisionen, Skonti, ohne Produktionskosten)
Diagramm 1: Netto-Werbeinnahmen erfassbarer Werbeträger in Deutschland
Eigene Darstellung, in Anlehnung an: ZAW-Jahrbuch „Werbung in Deutschland 2010"

Werbeträger	2006	Prozent	2007	Prozent	2008	Prozent	2009	Prozent
Tageszeitungen	4 532,90	+ 1,3	4 567,40	+ 0,8	4 373,40	-4,2	3 694,30	-15,5
Fernsehen	4 114,26	+ 4,7	4 155,82	+ 1,0	4 035,50	-2,9	3 639,60	-9,8
Werbung per Post	3 318,87	- 2,3	3 347,30	+ 0,9	3 291,55	-1,7	3 080,51	-6,4
Anzeigenblätter	1 943,00	+ 2,4	1 971,00	+ 1,4	2 008,00	+1,9	1 966,00	-2,1
Publikumszeitschriften	1 855,89	+ 3,6	1 822,48	- 1,8	1 693,09	-7,1	1 408,65	-16,8
Verzeichnis-Medien	1 198,60	+ 0,1	1 214,33	+ 1,3	1 224,70	+0,9	1 184,00	-3,3
Fachzeitschriften	956,00	+ 6,0	1 016,00	+ 6,3	1 031,00	+ 1,5	852,00	-17,4
Online-Angebote	495,00	+49,1	689,00	+39,2	754,00	+9,4	764,00	+1,3
Außenwerbung	787,43	+ 2,4	820,37	+ 4,2	805,36	-1,8	737,51	-8,4
Hörfunk	680,48	+ 2,5	743,33	+ 9,2	719,77	-3,2	678,49	-5,7
Wochen-/ Sonntagszeitungen	260,20	+ 2,9	269,70	+ 3,7	265,70	-1,5	208,30	-21,6
Zeitungssupplements	89,90	- 1,2	89,50	- 0,4	86,80	-3,0	81,90	-5,6
Filmtheater	117,48	- 11,3	106,20	- 9,6	76,65	-27,8	71,60	- 6,6
Gesamt	**20 350,01**	**+ 2,6**	**20 812,43**	**+ 2,3**	**20 365,52**	**-2,1**	**18 366,86**	**-9,8**

Netto: nach Abzug von Mengen- und Malrabatten sowie Mittlerprovisionen, Skonti, ohne Produktionskosten
Quelle: ZAW-Jahrbuch "Werbung in Deutschland 2010"

Entnommen aus: http://www.zaw.de/doc/Netto-Werbeeinnahmen_2009.pdf

ZAW Online

Medien verlieren 2 Milliarden Werbe-Euro netto: Werbemarkt sackt um 6 Prozent

BERLIN, 25.05.2010 (zaw) - "Das ist eine Werberezession der neuen Dimension."
So kommentiert der Präsident des Zentralverbands der deutschen Werbewirt-
schaft ZAW, Michael Kern, die jetzt in Berlin vorgestellte Markt-Analyse
2009/2010 seiner Branche. Danach sind die Investitionen in Werbung (Honora-
re/Gehälter, Kosten Werbemittelproduktion, Verbreitungskosten) sind im zurück-
liegenden Jahr stark eingebrochen.

Sie schrumpften um 6 Prozent auf 28,84 Mrd €. Das entsprach einem Verlust von 1,83 Mrd € und einem Rückfall auf das monetäre Niveau des Jahres 2003. Besonders dramatisch wirkte sich die scharfe Rezession auf die Netto-Einnahmen der Werbeträger aus. Ihr Anteil an den gesamten Werbeinvestitionen stürzte auf 18,37 Mrd € ab. Das war ein Minus von 9,8 Prozent oder 2 Mrd € - ökonomische Werte, wie sie in der deutschen Werbegeschichte bisher nicht bilanziert werden mussten.

Prognose 2010: Langsam aufwärts

Die aktuelle Lage der Werbebranche wird von positiven Nachrichten wie zunehmende Anzeigenerlöse und steigende Aufträge zur Schaltung von Spots und Plakaten begleitet. Eine tendenzielle Aufwärtsbewegung ist erkennbar. Angesichts der tiefen Spuren des Werbejahrs 2009 sowie der noch immer mit Fragezeichen behafteten Wirtschaftslage Deutschlands und Europas kann aber 2010 noch nicht von einem durchgreifenden Aufschwung bei den Investitionen der Unternehmen in Werbung ausgegangen werden. Die Spannbreite der möglichen Erholung des Werbemarkts wird daher zwischen -2,5 Prozent und +1 Prozent im Jahr 2010 liegen und damit leicht unter oder über der Stagnationsgrenze.

Die Herausforderungen für den vielfältigen Wirtschaftszweig sind beträchtlich. Neben dem Aufbau erneuter Werbekonjunktur müssen strukturelle Veränderungen durch die Weiterentwicklung der technischen Kommunikationsmittel und ihrer Rückwirkung auf die traditionellen Medien ebenso bewältigt werden wie politische Eingriffe in die Markt-Kommunikation insbesondere der EU. Zunehmend bemerkbar macht sich gleichfalls der demografische Wandel mit wachsender Anzahl älterer Konsumenten und schrumpfender Einwohnerzahl durch Präferenzverschiebungen in der Lebensführung und Mediennutzung.

Investitionen in Werbung
nominal / in Mrd Euro / gerundet

	2005	2006	2007	2008	2009
Gesamt Honorare, Werbemittel- produktion, Medienkosten	**29,60** + 1,3%	**30,23** + 2,1%	**30,83** + 2,0%	**30,67** - 0,5%	**28,84** -6,0%
davon Netto-Werbeeinnahmen der Medien	19,83 + 1,3%	20,35 + 2,6%	20,81 + 2,3%	20,37 - 2,1%	18,37 - 9,8%

Quelle: Zentralverband der deutschen Werbewirtschaft ZAW

Stimmung hellt sich auf

Der aktuelle ökonomische Mix aus spürbaren Tendenzen des Aufschwungs und fundamentalen Problemen wie der wachsenden Staatsverschuldung spiegelt sich in den Ergebnissen der Frühjahrsumfrage des ZAW bei seinen 40 Verbänden der werbenden Unternehmen, Medien und Agenturen wider. Sahen vor einem Jahr noch 63 Prozent von ihnen ihre Branche auf Talfahrt, sind es jetzt nur 4 Prozent. Stagnierende Verhältnisse melden für die kommenden sechs Monate 63 Prozent gegenüber 27 Prozent im Vorjahr. Optimistisch schätzen heute 33 Prozent der Organisationen die Konjunktur ein, 10 Prozent erst im Vorjahr. Stimmungsaufschwung auch bei der Prognose der Investitionen in Werbung: Wachsende Werbeausgaben sagen 27 Prozent (Vorjahr: 14 Prozent) der ZAW-Verbände voraus, 67 Prozent rechnen mit Stabilität, und lediglich 6 Prozent sehen die Fortsetzung der Werberezession (43 Prozent).

- Einnahmen der Medien wie 1995
- Aber kein Richtungswechsel beim Medien-Einsatz

Noch nie sind die Netto-Werbeeinnahmen der Medien so stark zurückgefallen wie 2009. Der Verlust von 1 998,66 Mio € führte auf das monetäre Niveau des Jahres 1995 hinunter. Am stärksten war der Schwund beim monetären Spitzenreiter im Werbege-schäft, den **Tageszeitungen** . Die Netto-Werbeerlöse der 351 in Deutschland erschei-nenden Tageszeitungen - inklusive 10 überregionaler Blätter und 8 Straßenverkaufszei-tungen - schrumpften um 679 Mio € auf 3 694 Mio €. Dabei zeigte sich, dass die Rückgänge kaum struktureller Art waren, sondern der Finanzkrise und der daraus resultierenden Wirtschaftsrezession anzulasten sind: Markenartikler verminderten um mehr als ein Fünftel oder stärker ihre Anzeigenschaltungen in allen drei Gruppen. Noch drastischer war der Schwund der Stellenofferten. Die zweite Gruppe in der Umsatz-Rangreihe, das **Fernsehen** , verlor exakt auf dem Durchschnitt des monetären Verlustes der 13 vom ZAW erfassten Werbeträger: Die Netto-Werbeeinnahmen der privaten sowie der öffentlich-rechtlichen TV-Veranstalter schmolzen um 9,8 Prozent (-396 Mio €) auf 3 640 Mio € ab. Die gesendeten Werbeminuten verringerten sich um 3 Prozent auf 1,56 Millionen und die Spot-Anzahl um 8 Prozent auf 3,68 Millionen. Auch hier hinterließ die allgemeine Wirtschaftskrise ihre Löcher in den Netto-Werbeumsätzen, zum Beispiel durch spürbar eingeschränkte Schaltung von Spots der Automarken. Einbußen musste auch die **Werbung per Post** registrieren. Die Netto-Werbeeinnahmen der Direktwerbung büßten 6,4 Prozent auf 3 081 Mio € ein. Das waren 211 Mio € weniger als im Vorjahr. Dort haben offenkundig konjunkturelle aber auch politische

Entscheidungen den Umsatzverlust bewirkt: Die überzogene Gesetzgebung im Daten-
schutz hat Anteil am Rückgang der Postwurfsendungen von mehr als 7 Prozent sowie
der personalisierten Werbepost von über 9 Prozent. Die **Anzeigenblätter** kamen mit
einem Umsatzrückgang von 2,1 Prozent im Werbegeschäft am moderatesten von den
Krisen geschädigten Werbeträgergruppen davon. Sie mussten im Vergleich zum
Vorjahr lediglich auf insgesamt 42 Mio € verzichten und erreichten 1 966 Mio € Netto-
Werbeumsatz. Umgekehrt die **Publikumszeitschriften** : Ihr Werbegeschäft stufte sich
um 16,8 Prozent auf 1 409 Mio € und damit um 284 Mio € zurück. Ursache dieses
dramatischen Einbruchs war vor allem die ökonomische Schwäche Deutschlands, die
sich insbesondere in der Werbeabstinenz der Automobilindustrie und der Finanzwirt-
schaft zeigte. Die **Verzeichnismedien** hielten ihren Werbeumsatz knapp mit -3,3
Prozent auf 1 184 Mio € (-41 Mio €). Bemerkenswert: Zwar wächst der Anteil der
elektronischen Nachfrage, aber zu 79 Prozent werden noch gedruckte Auskunftsmedien
genutzt. Die ganze Wucht der Rezession traf die **Fachzeitschriften** . Erstmals seit fünf
Jahren fielen ihre Werbeeinnahmen insbesondere durch den teils dramatischen Einbruch
in den Märkten der Ausrüstungs- und Investitionsgüter: Die Verlage mussten Einbußen
von 17,4 Prozent (-179 Mio €) verkraften; die Summe ihrer Werbeumsätze fiel unter die
Milliardengrenze auf nun 852 Mio €. Eine Umsatzdelle hatte ebenso die **Außenwerbung** zu verzeichnen. Ihre Werbeeinnahmen sanken um 8,4 Prozent auf 738 Mio € (-68
Mio €). Immerhin konnte die elektronische Außenwerbung fast 5 Prozent Zuwachs
erzielen. Ebenso verringerte sich das Werbegeschäft beim **Hörfunk** in Deutschland -
um 5,7 Prozent auf 679 Mio € (-41 Mio €). Die privaten Sender waren davon stärker
betroffen als die öffentlich-rechtlichen. Der prozentual höchste Verlust traf die **Wo-
chen- und Sonntagszeitungen** mit -21,6 Prozent. Sie erreichten nur noch 208 Mio €,
was einen Verlust von 57 Mio € ausmachte. Die **Zeitungssupplements** rutschten um
5,6 Prozent auf 82 Mio € Werbeeinnahmen (-5 Mio €), während die seit Jahren defizitä-
ren **Filmtheater** erneut mit -6,6 Prozent auf nunmehr 72 Mio € zurückfielen.

Verhaltener Aufstieg der Online-Werbung

Die Online-Dienste waren 2009 die einzige Werbeträgergattung, die Werbeeinnahmen
hinzu gewinnen konnte. Ihre Erlöse wuchsen indessen nur mit einem Plus von 1,3
Prozent auf 764 Mio € am Rande der Stagnation. Rückwärts betrachtet zeigt sich, dass
auch die Betreiber dieser Mediengruppe den Werbeabschwung spürten. Die Wachs-
tumsraten wurden immer geringer, 2006: +49 Prozent; 2007: +39 Prozent; 2008: +9
Prozent und jetzt 2009: +1,3 Prozent. Entsprechend vermindert hat sich der monetäre
Zugewinn. Der Marktanteil beträgt 4 Prozent.

Zu konstatieren ist aber gleichfalls: Markt-Kommunikation via Internet ist eine nicht
umkehrbare Größe. Sie wird kontinuierlich an Bedeutung durch technische Innovation,
höhere Transparenz der vielkanaligen Nutzung und vertiefende Integration in die
Kommunikation der Konsumenten gewinnen. Dort wird Werbung nicht mehr allein
nach Umfeldern gebucht und ausgeliefert, sondern nach individuellen Interessen der
Nutzer - soweit dies rechtlich ermöglicht wird. Diese Entwicklung verspricht in Ergän-
zung zu den traditionellen Massenmedien eine Steigerung von Effizienz und Effektivität
der kommerziellen Kommunikation, so ZAW-Präsident Michael Kern.

Werbewachstum der Online-Dienste			
2006	2007	2008	2009
+ 163 Mio €	+ 194 Mio €	+ 65 Mio €	+ 10 Mio €
+ 49,0 %	+ 39,0 %	+ 9,0 %	+ 1,3 %

Quelle: Zentralverband der deutschen Werbewirtschaft ZAW

Quelle: Entnommen aus: ZAW Online, http://www.zaw.de/index.php?menuid=33, Stand 17.12.2010

Anhang 2: Überblick über die Schutzrechte

	Patent	Gebrauchsmuster	Geschmacksmusterrecht
Schutzgegenstand	Technische Erfindungen	Technische Erfindungen	Äußeren Formgestaltung / Design
Schutzvoraussetzungen	– Neuheit (= keine Bekanntheit in der Öffentlichkeit vor Anmeldetag) – Erfinderische Tätigkeit – Gewerbliche Anwendbarkeit	– Neuheit (noch keine druckschriftliche Veröffentlichung) – Erfinderische Tätigkeit – Gewerbliche Anwendbarkeit	– Neuheit (wenn die Gestaltungselemente im Anmelde- bzw. Benutzungszeitpunkt nicht bekannt waren) – Ästhetische Wirkung – Schöpferische Eigenart, die nicht durch die Technik oder den Gebrauchszweck bestimmt ist – Reproduzierbarkeit
Formale Entstehungsvoraussetzungen	a) Anmeldung in Deutschland: Anmeldung und Eintragung beim DPMA b) Europäisches Patent: Europäisches Patentamt	Anmeldung in Deutschland: Anmeldung und Eintragung beim DPMA	a) eingetragenes Geschmacksmuster in Deutschland: Anmeldung und Eintragung beim DPMA b) eingetragenes Gemeinschaftsgeschmacksmuster: Anmeldung und Eintragung beim HABM c) nicht eingetragenes Gemeinschaftsgeschmacksmuster: Entstehung durch Benutzung
Maximale Schutzdauer	a) und b) 20 Jahre ab Anmeldetag	3 Jahre ab Anmeldetag, verlängerbar auf maximal 10 Jahre	a) und b) 5 Jahre ab Anmeldetag, bis max. 25 Jahre verlängerbar c) 3 Jahre
Rechtstexte	a) Patentgesetz (PatG) b) Europäisches Patentübereinkommen (EPÜ)	Gebrauchsmustergesetz (GebrMG)	a) Geschmacksmustergesetz (GeschmMG) b) und c) GemGeschMVO Nr. 6/2002

	Markenrecht	UWG	Urheberrecht
Schutzgegenstand	Schutz der Kennzeichnungsmittel, mit deren Hilfe Waren und Dienstleistungen mehrerer Wettbewerber voneinander unterscheidbar sind	Schutz der Mitbewerbern, Verbrauchern oder sonstigen Marktteilnehmern vor unlauteren geschäftlichen Handlungen	Individuelle geistige Leistung
Schutzvoraussetzungen	– Unterscheidungskraft (Ausnahme: Verkehrsdurchsetzung) – Nicht beschreibend – Nicht irreführend	– Geschäftliche Handlung – Unlauterkeit der geschäftlichen Handlung – Spürbarkeit der geschäftlichen Handlung	– Persönliche geistige Schöpfung – Schöpferische Gestaltungshöhe
Formale Entstehungsvoraussetzungen	a) eingetragene Marke in Deutschland: Anmeldung und Eintragung in der Markenrolle beim DPMA b) nicht eingetragene Marke in Deutschland: Entstehung durch Verkehrsgeltung c) eingetragene Gemeinschaftsmarke: Anmeldung und Eintragung beim HABM	Keine	Keine, automatische Entstehung mit Schöpfung des Werkes
Maximale Schutzdauer	a) und c) 10 Jahre ab Anmeldetag, unbegrenzt verlängerbar b) unbegrenzt	Keine, Nachahmungsschutz entfällt, wenn die Anspruchsvoraussetzungen nicht mehr vorliegen	Bis 70 Jahre nach Tod des Urhebers
Rechtstexte	a) und b) Markengesetz (MarkenG) c) Verordnung über die Gemeinschaftsmarke Nr. 207/2009	Gesetz gegen den unlauteren Wettbewerb (UWG)	Urhebergesetz (UrhG)

In Anlehnung an: http://www.markenpiraterie-apm.de/files/ueberblick-wichtigste-schutzrechte.pdf, Stand 14.01.2011; Göting, H.-P. (2010): Gewerblicher Rechtschutz, in: Reihe Juristische Kurz-Lehrbücher, 9. Aufl., München 2010, S. 43 ff.

Anhang 3: Studienaufbau „Endmark-Claim-Studie 2009"

Untersuchungsdesign

Instrument:	Persönliches Interview
Statistik:	lt. ZAW-Rahmenschema für Werbeträgeranalysen
Grundgesamtheit:	Wohnbevölkerung mit Deutsch als erste Muttersprache, m/w 14 bis 49 Jahre in den unten angegebenen Städten
Gewertete Interviews:	1014
Auswahl:	Random, quotiert nach soziodemographischem Schlüssel (Quelle: Statistisches Bundesamt)
Ort der Feldarbeit (Anzahl Interviews):	Hamburg (251) Köln (257) Leipzig (254) München (252)
Erhebungszeitraum:	Juli / August 2009
Erhebungsgegenstand:	10 Endverbraucher-Claims aus Anzeigen und Spots deutscher Publikumsmedien (Print / TV / HF / Online) Claims, die - 2009 mindestens über drei Monate in deutschen Publikumsmedian publiziert wurden; - die sich ausschließlich an Endverbraucher richten (B2C); - die nur aus englischen Vokabeln bestehen (kein Sprachenmix); - die den Markennamen nicht im Claim selbst aufgreifen (z.B. Do you yahoo?); - die vom Absender (auch) schriftlich dargestellt werden. Berücksichtigt wurden sowohl Corporate- als auch Produkt-Claims.
Erhobene Basisdaten:	Alter / Geschlecht / Wohnort / Bildungsgrad

Claimauswahl:

Nr.	Claim	Marke	Branche
01	Adjust your comfort zone	ODLO	Sportbekleidung
02	Broadcast Yourself	YOUTUBE (Google)	Internet (Videoportal)
03	Design Desire	BRAUN (Procter & Gamble)	Elektro-Kleingeräte
04	Explore the City Limits	OPEL ANTARA (GM)	Automobile (SUV-Modell)
05	It's an Addiction	HUMANIC (Leder & Schuh AG)	Schuh-Einzelhandel
06	Live Unbuttoned	LEVI'S 501	Mode (Jeans)
07	Sense and Simplicity	PHILIPS	Elektronik
08	Shift the way you move	NISSAN	Automobile (Dachmarke)
09	Taste Tuned	MIXERY (Karlsberg)	Bier-Mischgetränke
10	World's Pleasure Authority	MAGNUM (Langnese/Unilever)	Eiscreme

Quelle: Entnommen aus: http://www.mc-brandnews.de/fileadmin/Content/Downloads/PDF/brandnews/Dezember_2009_de/Markenclaims_Endmark_Studie.pdf, Stand 20.12.2010.

Studienergebnisse 2009:

Sinngemäß verstanden - gesamt

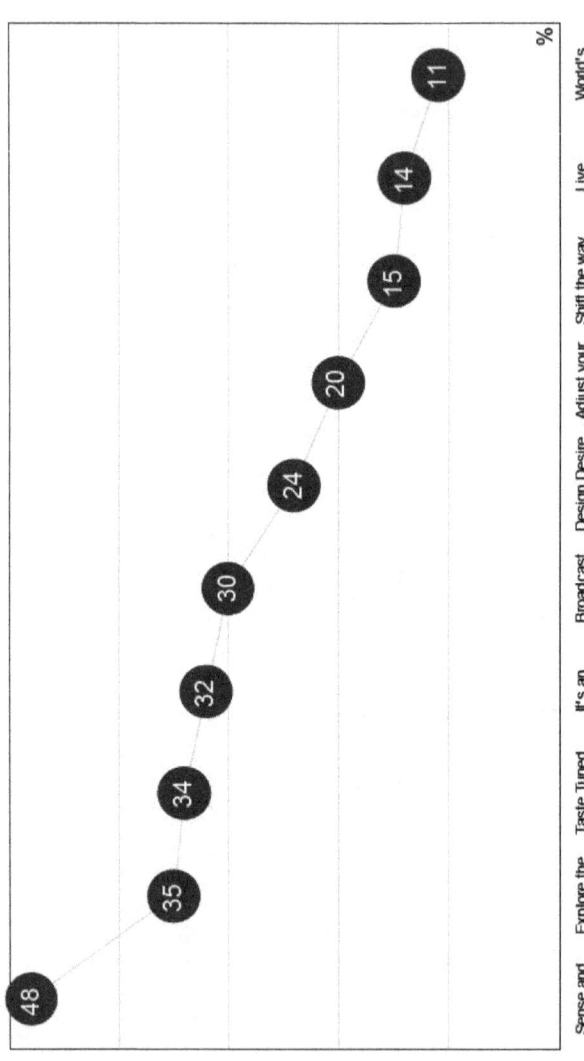

Quelle: Entnommen aus: http://www.mc-brandnews.de/fileadmin/Content/Downloads/PDF/brandnews/Dezember_2009_de/Markenclaims_Endmark_Studie.pdf, Stand 20.12.2010.

Sinngemäß verstanden - nach Alter

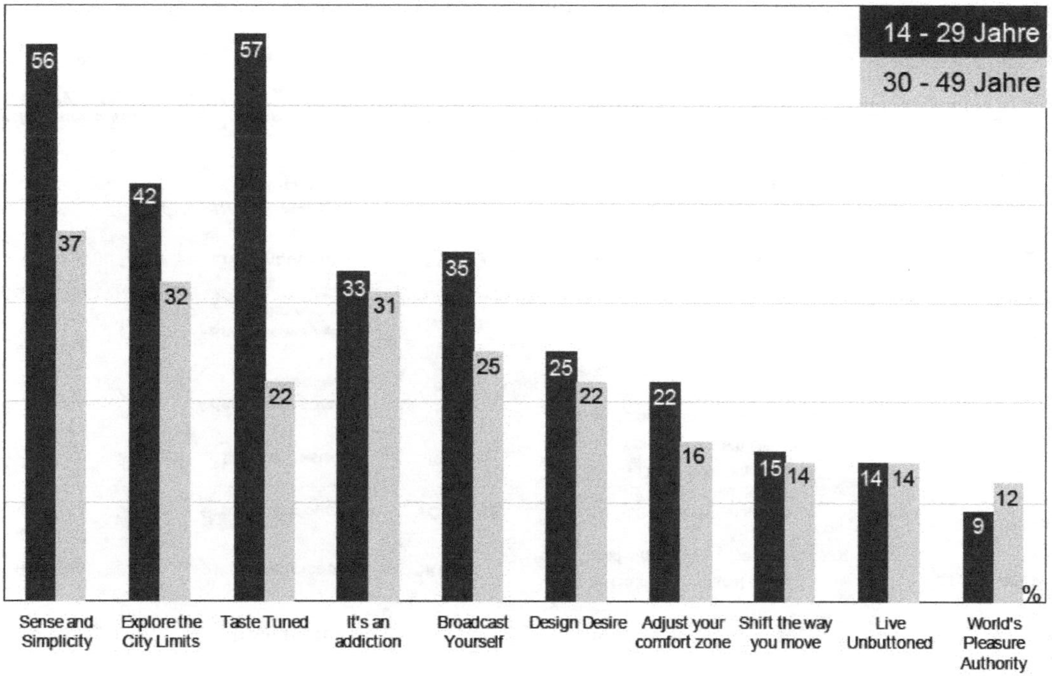

14 - 29 Jahre
30 - 49 Jahre

	14 - 29 Jahre	30 - 49 Jahre
Sense and Simplicity	56	37
Explore the City Limits	42	32
Taste Tuned	57	22
It's an addiction	33	31
Broadcast Yourself	35	25
Design Desire	25	22
Adjust your comfort zone	22	16
Shift the way you move	15	14
Live Unbuttoned	14	14
World's Pleasure Authority	9	12

%

Quelle: Entnommen aus: http://www.mc-brandnews.de/fileadmin/Content/Downloads/PDF/brandnews/Dezember_2009_de/Markenclaims_Endmark_Studie.pdf, Stand 20.12.2010.

Gesamtübersicht 2009:

Ranking	Verstanden (%)	Claim	Absender	Intendierte Übersetzung des Absenders	Die skurrilsten Übersetzungen durch Befragte (selektive Beispiele)
01	48	Sense and Simplicity	PHILIPS	Sinnvoll und einfach/unkompliziert (zu bedienen)	Sinn und Einfalt / Denke simpel
02	35	Explore the City Limits	OPEL ANTARA	Erkunde die Grenzen der Stadt	Das Stadtlimit explodiert / Explosionen an der Stadtgrenze / Erobere die Stadtgrenze
03	34	Taste Tuned	KARLSBERG MIXERY	Verstärkter/„getunter" Geschmack	Probier mal diese Tunes / Die Taste ist getuned / Geschmacksverstärker / Geschmack dreht Dich um
04	32	It's an addiction	HUMANIC	(Humanic) macht süchtig / Es ist eine Sucht / Die Schuhsucht	Es ist eine Addition / Es ist ein Süchtiger / Es ist Werbung
05	30	Broadcast Yourself	YOUTUBE	Sende (Dich) selbst	Mache Deinen Brotkasten selbst / Oute Dich selbst / Entdecke Dich selbst
06	24	Design Desire	BRAUN	Design-Verlangen / Verlangen nach Design	Gestaltungsdesaster / Designwüste / Zeichne Unordnung / Erfinde Wünsche
07	20	Adjust your comfort zone	ODLO	Finde deinen Komfortzustand / deinen besten Wohlfühlzustand. Jeder kann seinen Komfort einstellen	Nehmen Sie Ihre Schokoladenseite wahr / Passen Sie Ihre Bequemlichkeit an / Genieße Dein Inneres / Mach' es Dir gemütlich
08	15	Shift the way you move	NISSAN	Ändere die Art Dich zu (fortzu)bewegen	Schiebe den Weg und Du kommst voran / Mit dem Hebel den weg verändern / Verschiebe Deinen Bewegungsstil
09	14	Live Unbuttoned	LEVI'S 501	Sei frei / Sei du selbst / Lebe ungezwungen	Lebe nicht bodenständig / Unbekleidet leben / Lebendig angeknöpft
10	11	World's Pleasure Authority	LANGNESE MAGNUM	Die Welt-Behörde für Genuss / Das Welt-Genuss-Amt	Für eine autoritäre Welt / Lass die Autorität der Welt plätschern / Die Welt bittet um Autorität

Quelle: Entnommen aus: http://www.mc-brandnews.de/fileadmin/Content/Downloads/PDF/brandnews/Dezember_2009_de/Markenclaims_Endmark_Studie.pdf, Stand 20.12.2010.

Anhang 4: Studie über die Verbreitung von Plagiarismus und Gegenmaßnahmen in Werbeagenturen in Deutschland

Untersuchungsdesign:

Instrument:	Fragebogen, 10 bis 30 Minuten langen Telefoninterviews
Gewertete Interviews:	168 Architekten, 54 Designer, 81 Drehbuchautoren, 64 Werbeagenturen, 46 Webdesigner
Erhebungsort:	Deutschland
Erhebungszeitraum:	2006

Fragebogendesign

0. Woran denken Sie spontan bei dem Begriff "Plagiarismus"?

1. Waren Sie schon einmal Opfer von Plagiarismus?

1.1 Wie viele Fälle haben Sie schon erlebt?

1.2 Auf wieviel Euro schätzen Sie den Schaden, der dabei entstanden ist?

1.3 Kamen Sie zu Ihrem Recht und wurde Ihnen der Schaden ersetzt?

2. Glauben Sie, dass eine Dunkelziffer existiert und Werke von Ihnen kopiert wurden, ohne dass Sie bisher davon erfahren haben?

2.1. Läßt sich schätzen, wie hoch diese Dunkelziffer ist, in % Ihrer Werke oder auch durch die Höhe des entstandenen Schadens?

3. Wurden Sie selbst schon einmal des Plagiarismus bezichtigt?

3.1. Konnten Sie die Vorwürfe entkräften?

3.1.1. Lag es daran, dass die Gegenseite Recht hatte oder konnte die Wahrheit nicht bewiesen werden?

3.2. Welche Beweismittel hatten Sie zur Hand?

3.3. Welche Beweismittel hatte die Gegenseite?

4. Gibt es Kollegen, die schon einmal des Plagiats bezichtigt wurden?

4.1. Konnte Ihr Kollege die Vorwürfe entkräften?

4.1.1. Lag es daran, dass die Gegenseite Recht hatte oder konnte die Wahrheit nicht bewiesen werden?

4.2. Welche Beweismittel hatte Ihr Kollege zur Hand?

4.3. Welche Beweismittel hatte die Gegenseite?

5. Mit welchen Mitteln schützen Sie sich selbst davor, Opfer von Plagiarismus zu werden?

6. Welches Beweismittel schätzen Sie vor Gericht am wirksamsten ein?

7. Glauben Sie, dass die Gefahren durch Plagiarismus in Ihrer Branche eher zunehmen oder abnehmen?

8. Finden Sie, dass die Gesetzlage zum Schutz vor Plagiarismus verschärft werden sollte oder sind die Gesetze bereits ausreichend?

9. Gibt es noch andere Dinge, die Sie zu diesem Thema sagen können oder möchten?

Antworten der Werbeagenturen:

1. Waren Sie schon einmal Opfer von Plagiarismus?

ja: 26,56%

nein: 64,06%

nicht, dass ich wüßte: 9,38%

1.1 Wie viele Fälle haben Sie schon erlebt?

durchschnittlich 4 Fälle

1.2 Auf wieviel Euro schätzen Sie den Schaden, der dabei entstanden ist?

durchschnittlich 1.004.800 EUR

1.3 Kamen Sie zu Ihrem Recht und wurde Ihnen der Schaden ersetzt?

ja: 21,05%

nein: 78,95%

2. Glauben Sie, dass eine Dunkelziffer existiert und Werke von Ihnen kopiert wurden, ohne dass Sie bisher davon erfahren haben?

ja: 78,3%

nein: 21,67%

2.1. Läßt sich schätzen, wie hoch diese Dunkelziffer ist, in % Ihrer Werke oder auch durch die Höhe des entstandenen Schadens?

durchschnittlich 17,86%

3. Wurden Sie selbst schon einmal des Plagiarismus bezichtigt?

ja: 3,13%

nein: 96,88%

nicht, dass ich wüßte: 0,00%

3.1. Konnten Sie die Vorwürfe entkräften?

ja: 100,00%

nein: 0,00%

nicht, dass ich wüßte: 0,00%

4. Gibt es Kollegen, die schon einmal des Plagiats bezichtigt wurden?

ja: 14,06%

nein: 65,63%

nicht, dass ich wüßte: 20,31%

4.1. Konnte Ihr Kollege die Vorwürfe entkräften?

ja: 50,00%

nein: 50,00%

nicht, dass ich wüßte: 0,00%

5. Mit welchen Mitteln schützen Sie sich selbst davor, Opfer von Plagiarismus zu werden?

gar nicht: 71,05%

keine Mittel bekannt: 0,00%

Zeugenaussagen: 0,00%

Datensicherungen: 10,53%

notarielle Hinterlegungen: 0,00%

Einschreiben an sich selbst: 0,00%

andere: 18,42%

6. *Welches Beweismittel schätzen Sie vor Gericht am wirksamsten ein?*

Aussagen von Freunden und Kollegen: 1,82%

eigene Datensicherungen: 38,18%

notarielle Hinterlegung: 52,73%

Versand per Einschreiben an sich selbst: 7,27%

7. *Glauben Sie, dass die Gefahren durch Plagiarismus in Ihrer Branche eher zunehmen oder abnehmen?*

zunehmen: 50,00%

abnehmen: 4,84%

bleibt gleich: 45,16%

8. *Finden Sie, dass die Gesetzlage zum Schutz vor Plagiarismus verschärft werden sollte oder sind die Gesetze bereits ausreichend?*

ja, verschärfen: 20,97%

nein, ausreichend: 40,32%

weiß nicht: 38,71%

In Anlehnung an: http://www.priormart.com/pdf/studie_werbeagenturen_2006.pdf, Stand 29.12.2010

Quellenverzeichnis

Literaturquellen:

Ahlberg, H. / Nicolini, K. (Hrsg.):	Kommentar zum Urheberrechtsgesetz, 2. Aufl., München 2000 (zitiert: *Bearbeiter* in Ahlberg / Nicolini)
Aufermann, J. (1973):	Werbung, Presse und manipulierte Öffentlichkeit, in: Aufermann, J., Bohrmann, H., Sülzer, R., (Hrsg.), Gesellschaftliche Kommunikation und Information, Bd. 2, Frankfurt a.M., S. 544 - 567
Baumbach, A. / Hefermehl, W. (Hrsg.):	Beck'sche Kurz-Kommentare Wettbewerbsrecht, 18. Aufl., München 1995 (zitiert: *Bearbeiter* in Baumbach / Hefermehl 1995)
Baumbach, A. / Hefermehl, W. (Hrsg.):	Beck'sche Kurz-Kommentare Gesetz gegen den unlauteren Wettbewerb, 28. Aufl., München 2010 (zitiert: *Bearbeiter* in Baumbach / Hefermehl 2010)
Becker, J. (1998):	Marketing-Konzeption - Grundlagen des strategischen und operativen Marketing-Managements - , 7. Aufl., München 2001
Becker, R.(2000):	Kennzeichenschutz der Hörmarke, in: WRP 2000, S. 63 - 74
Behrens, K. C. (1963):	Absatzwerbung, in: Studienreihe Betrieb und Markt, Bd. 10, Wiesbaden 1963
Blank, A. / Hagel, H. / Hahn, H. / Meyer, H. / Pade, P. / Thomas, D. (2005):	Geschäftsprozesse Industrie, 3. Aufl., Troisdorf 2005
Bornkamm, J. (2005):	Markenrecht und wettbewerbsrechtlicher Kennzeichenschutz – Zur Vorrangthese der Rechtsprechung, in: GRUR 2005, S. 97 - 102
Breucker, M. / Wüterich, C. (2004):	Wettbewerbsrechtlicher Schutz von Werbe- und Kommunikationskonzepten, in: GRUR 2004, S. 389 -392
Brockhaus Enzyklopädie (2006a):	Brockhaus Enzyklopädie in 30 Bänden, 21. Aufl., Band 21 (Paral – Pos), Leipzig / Mannheim 2006, Stichwort: Plagiat, S. 527

Brockhaus Enzyklopädie (2006b):	Brockhaus Enzyklopädie in 30 Bänden, 21. Aufl., Band 29 (Verti – Wety), Leipzig / Mannheim 2006, Stichwort: Werbung, S. 741 - 742
Bullinger, W. / Wandtke, A.-A. (Hrsg.):	Praxiskommentar zum Urheberrecht, 3. Aufl., München 2009 (zitiert: *Bearbeiter* in Bullinger / Wandtke)
Chrocziel, P. (1995):	Einführung in den Gewerblichen Rechtsschutz und das Urheberrecht, in: Reihe Praxis des Gewerblichen Rechtsschutzes und Urheberrechts, München 1995
Clapham, R. (1981):	Das wettbewerbspolitische Konzept der Wettbewerbsfreiheit, in: Cox, H., Jens, U., Markert, K. (Hrsg.): Handbuch des Wettbewerbs - Wettbewerbstheorie, Wettbewerbspolitik, Wettbewerbsrecht -, München 1981, S. 129 - 148
Dissmann, R. (2006):	Ergänzender wettbewerbsrechtlicher Leistungsschutz, in: Stöckel, M. (Hrsg.), Handbuch Marken- und Designrecht, 2. Aufl., Berlin 2006
Dreier, T. / Schulze, G. (Hrsg.):	Kommentar zum Urheberrechtsgesetz, 3. Aufl., München 2008 (zitiert: *Bearbeiter* in Dreier / Schulze)
Dreyer, G. / Kotthoff, J. / Meckel, A. (Hrsg.):	Heidelberger Kommentar Urheberrecht, 2. Aufl., Heidelberg 2009 (zitiert: *Bearbeiter* in Dreyer et al.)
Ekey, F.-L. (Hrsg.):	Heidelberger Kommentar zum Wettbewerbsrecht, 2. Aufl., Heidelberg 2005 (zitiert: *Bearbeiter* in Ekey)
Elster, A. (1929):	Der Schutz von Inseraten, Reklamevorlagen und Reklamewörtern, in: GRUR 1929, S. 443 - 457
Erdmann, W. (1996):	Schutz von Werbeslogans, in: GRUR 1996, Heft 8/9, S. 550 - 558
Fezer, K.-H. (1993):	Leistungsschutz im Wettbewerbsrecht, in: WRP 1993, S. 63 - 73
Fezer, K.-H. (Hrsg.):	Kommentar zum MarkenG, 3. Aufl., München 2001 (zitiert: *Bearbeiter* in Fezer 2001)
Fezer, K.-H. (Hrsg.):	Beck'sche Kurz-Kommentare Markenrecht, München 2009 (zitiert: *Bearbeiter* in Fezer 2009)

Fezer, K.-H. (2009):	Imitationsmarketing als irreführende Produktvermarktung, in: GRUR 2009, Heft 5, S. 451 - 459
Fichtel, K. (2009):	Nur jeder Vierte versteht englische Werbeslogans richtig, in: Hamburger Abendblatt 20.10.2009
Foerster, T. (1989):	Der Schutz von Werbeslogans vor Nachahmung, Frankfurt 1989
Fromm, F. K. (Hrsg.):	Kohlhammer Kommentar Urheberrecht, 8. Aufl., Stuttgart 1994 (zitiert: *Bearbeiter* in Fromm)
Fromm, F. K. / Nordemann, A. (Hrsg.):	Kommentar zum Urheberrechtsgesetz, 10. Aufl., Stuttgart 2008 (zitiert: *Bearbeiter* in Fromm / Nordemann)
Götting, H.-P. (2010):	Gewerblicher Rechtsschutz, in: Reihe Juristische Kurz-Lehrbücher, 9. Aufl., München 2010
Gribkowsky, G. (1989):	Strafbare Werbung (§ 4 UWG), Diss., in: Reihe Rechtswissenschaft, Bd. 91, Pfaffenweiler 1989
Haberstumpf, H. (2000):	Handbuch des Urheberrechts, 2. Aufl., Neuwied 2000
Harte-Bavendamm, H. / Henning-Bodewig, F. (Hrsg.):	Kommentar zum Gesetz gegen den unlauteren Wettbewerb (UWG), 2. Aufl., München 2009 (zitiert: *Bearbeiter* in Harte-Bavendamm / Henning-Bodewig)
Helm, M. (2001):	Zur ergänzenden Anwendung wettbewerbsrechtlicher Bestimmungen auf markenrechtliche Tatbestände, in: GRUR 2001, S. 291 - 295
Henning-Bodewig, F. (2010):	UWG und Geschäftsethik, in: WRP 2010, Heft 09, S. 1094 - 1105
Hertin, P. W. (1997):	Zur urheberrechtlichen Schutzfähigkeit von Werbeleistungen unter besonderer Berücksichtigung von Werbekonzeptionen und Werbeideen – Zugleich eine Auseinandersetzung mit Schricker, GRUR 1996, 815 ff. - , in: GRUR 1997, S. 799 - 816
Hertin, P. W. (2008):	Urheberrecht, in: Reihe Praxis des Gewerblichen Rechtsschutzes und Urheberrechts, 2. Aufl., München 2008

Ingerl, R. (2004):	Der wettbewerbsrechtliche Kennzeichenschutz und sein Verhältnis zum MarkenG in der neueren Rechtsprechung des BGH und in der UWG-Reform, in: WRP 2004, S. 809 - 817
Ingerl, R. / Rohnke, C. (Hrsg.):	Markengesetz, 3. Aufl., München 2010 (zitiert: *Bearbeiter* in Ingerl / Rohnke)
Kaulmann, N. (2008):	Der Schutz des Werbeslogans vor Nachahmung, in: GRUR 2008, Heft 10, S. 854 - 860
Kloss, I. (2007):	Werbung, 4 Aufl., München 2007
Köbler, G. (1995) :	Deutsches Etymologisches Wörterbuch, Stuttgart 1995, Stichwort: Plagiat, S. 307
Köhler, H. / Piper, H. (Hrsg.):	Kommentar zum Gesetz gegen den unlauteren Wettbewerb, 4. Aufl., München 2006 (zitiert: *Bearbeiter* in Köhler / Piper 2006)
Köhler, H. / Piper, H. (Hrsg.):	Kommentar zum Gesetz gegen den unlauteren Wettbewerb, 5. Aufl., München 2010 (zitiert: *Bearbeiter* in Köhler / Piper 2010)
Langner, S. (2009):	Viral Marketing: Wie sie Mundpropaganda gezielt auslösen und Gewinn bringend nutzen, Wiesbaden 2009
Lehmann, T. (2009):	Das Problem des Ergänzungsbedarfs im gewerblichen Rechtsschutz, Diss., Hameln 2009
Lehr, D. (2007):	Wettbewerbsrecht - Tipps und Taktik, 3. Aufl., Heidelberg 2007
Lettl, T. (2008):	Wettbewerbsrecht, in: Reihe Grundrisse des Rechts, München 2008
Loewenheim, U. (Hrsg.):	Kommentar zum Urheberrecht, 4. Aufl., München 2010 (zitiert: *Bearbeiter* in Loewenheim)
Lubberger, A. (2006):	Grundsatz der Nachahmungsfreiheit?, FS für Eike Ullmann, Saarbrücken 2006
Luchterhandt, H.-F. (1969):	Die Rechtsprechung zur Sittenwidrigkeit der unmittelbaren Ausnutzung fremder Leistung, in: GRUR 1969, S. 581 - 593.
Mees, H. K. (1999):	Verbandsklagebefugnis in Fällen des ergänzenden wettbewerblichen Leistungsschutzes, in: WRP 1999, S. 62 - 67

Meyer-Hentschel, G. (1995):	Alles was Sie schon immer über Werbung wissen wollten, Wiesbaden 1995
Müller-Laube, H.-M. (1992):	Wettbewerbsrechtlicher Schutz gegen Nachahmung und Nachbildung gewerblicher Erzeugnisse - Entwurf eines dogmatischen Ordnungskonzeptes, in: ZHR 1992, S. 480 - 511
Pühringer, A. (2002):	Der urheberrechtliche Schutz von Werbung nach österreichischem und deutschem Recht, München 2002
Rehbinder, M. (2006):	Urheberrecht, in: Reihe Juristische Kurz-Lehrbücher, 14. Aufl., München 2006
Rehbinder, M. (2008):	Urheberrecht, in: Reihe Juristische Kurz-Lehrbücher, 15. Aufl., München 2008
Rittner, F. / Kulka, M. (2008):	Wettbewerbs- und Kartellrecht - Eine systematische Darstellung des deutschen und Europäischen Rechts, 7. Aufl., Heidelberg 2008
Roth, K. (2004):	Lizenzen an geschützten Stellungen ohne gesicherten Rechtscharakter, Diss., München 2004
Schaeffer, M. (1971):	Der urheberrechtliche Schutz von Formen modernder Werbung, Diss., Hamburg 1971
Schmidt, S. (1981):	Urheberrechtsprobleme in der Werbung, Diss., München 1981
Schneider, A. (1959):	Plagiat, in: Schriftenreihe der Int. Gesellschaft für UrheberR, Bd. 14, Berlin 1959
Schricker, G. (1996):	Der Urheberrechtsschutz von Werbeschöpfungen, Werbeideen, Werbekonzeptionen und Werbekampagnen, in: GRUR 1996, Heft 11, S. 815 - 826
Schünemann, W. B. (1989):	Wettbewerbsrecht, München / Wien 1989
Schünemann, W. B. (2006):	Wirtschaftsprivatrecht. Juristisches Basiswissen für Wirtschaftswissenschaftler, 5. Aufl., Stuttgart 2006
Sosnitza, O. (1998):	Plagiate, Prozesse und Provisionen - Rechtsfragen bei der Tätigkeit von Werbeagenturen, in: ZUM 1998, S. 631 - 641
Sosnitza, O. (2010):	Fake-Werbung, in: GRUR 2010, S. 106 - 112

Stieper, M. (2006):   Das Verhältnis von Immaterialgüterrechtsschutz und
                        Nachahmungsschutz nach neuem UWG, in: WRP 2006,
                        Heft 03, S. 291 - 302

Ströbele, R. (1999):   Die Eintragungsfähigkeit neuer Markenformen, in:
                        GRUR 1999, S. 1045 - 1049

Traub, F. (1973):   Der Schutz von Werbeslogans im gewerblichen
                        Rechtsschutz, in: GRUR 1973, 186 - 192

Ulmer, E. (1980):   Urheber- und Verlagsrecht, 3. Aufl., Berlin u.a. 1980

Weigert, M.(1997):   Zukunft ... der Werbung, in: Süddeutsche Zeitung
                        Magazin, 1997, Nr. 21, S. 10 - 14

Willems, H. (2002):   Vom Handlungstyp zur Weltkultur: Ein Blick auf
                        Formen und Entwicklungen der Werbung, in: Willems,
                        H. (Hrsg.), Die Gesellschaft der Werbung Kontexte und
                        Texte. Produktionen und Rezeptionen. Entwicklungen
                        und Perspektiven, Wiesbaden 2002, S. 55 - 100

Zentek, S. (2007):   Von der Vorlagenfreibeuterei bis zu Individualvereinba-
                        rungen gegen eigenmächtige Verwertungen ungeschütz-
                        ter Entwürfe, in: WRP 2007, Heft 05, S. 507 - 519

Zentek, S. (2008):   Designschutz - Fallsammlung zum Schutz kreativer
                        Leistungen in Europa, 2. Aufl., Dortmund 2008

Internetquellen:
Aktionskreis gegen Produkt- und Markenpiraterie e. V. (o. J.): Überblick über die wichtigs-
ten Schutzrechte. URL: http://www.markenpiraterie-apm.de/files/ueberblick-wichtigste-
schutzrechte.pdf, Stand 14.01.2011

Altmann, R. (o. J.): Aufmerksamkeitsausbeutung. URL:
http://www.lunapark21.net/archiv/lp21/lp21_0804_67-69.pdf, Stand 07.01.2011

Bayer AG (2010): Bayer Logo. URL: http://www.bayer.de, Stand 18.10.2010

Coca-Cola GmbH (2010): Coca-Cola Logo. URL: http://www.coca-cola-
gmbh.de/welcome.do, Stand 18.10.2010

Deutsches Patent- und Markenamt (2009): Markenschutz. URL:
http://www.dpma.de/marke/markenschutz/index.html, Stand 20.12.2010

Dirks, S. (2010): Small But Tough: VW erstattet Strafanzeige gegen Polo-Hoaxter. URL:
http://www.hoaxbusters.de/static/rizzoArticle84.php, Stand 20.12.2010.

Fezer, K.-H. (2010): MarkenG. URL:http://www.uni-
konstanz.de/FuF/Jura/fezer/%A72MarkenG.pdf, Stand 20.12.2010

Gabler Verlag (2010): Gabler Wirtschaftslexikon, Stichwort: Jingle. URL:
http://wirtschaftslexikon.gabler.de/Archiv/81528/jingle-v4.html, Stand 20.12.2010

Goldhaber, M. H. (1997): Die Aufmerksamkeits-Ökonomie und das Netz - Teil I + Teil II.
URL: http://www.heise.de/tp/r4/artikel/6/6195/1.html, Stand 07.01.2011

Joe la pompe (2010): Beispiele imitierter Werbung. URL: http://www.joelapompe.net,
Stand 20.12.2010

just law Rechtsanwälte (2010): Informationen und Tipps zum Markenrecht. URL:
http://www.markenrecht.justlaw.de/bildmarke-wortmarke.htm, Stand 20.12.2010

Kanzlei Keller-Stoltenhoff (2008): Der rechtliche Schutz von Werbeslogans. URL:
http://www.it-recht-kanzlei.de/werbeslogan-werbung.html, Stand 20.12.2010

Lacroix, C. (o. J.): Aktion Plagiarius. URL:
http://www.igd.fhg.de/idb/security_day/sd07_content/07_Christine_Lacroix_Plagiarius.pdf,
Stand 20.12.2010.

o. V. (o. J.): Glossar. URL: http://www.cekom.de/87g69/Pitch.htm, Stand 20.12.2010

o. V. (o. J.): Wirtschaftsfaktor Werbung. URL:
http://www.markenverband.de/kompetenzen/werb-und-medien/wirtschaftsfaktor-werbung,
Stand 05.01.2011

Pape, M. (2009): Unverständliche Werbeslogans. URL:
http://www.spiegel.de/wirtschaft/unternehmen/0,1518,655050,00.html, Stand 20.12.2010

Pasquay A. (2007): Zur Lage der Zeitungen in Deutschland 2007.
URL: http://www.bdzv.de/wirtschaftliche_lage+M5d5fd963b98.html, Stand 20.12.2010

Samland, B. M. (2009): Endmark-Claim-Studie 2009. URL: http://www.mc-randnews.de/
fileadmin/Content/Downloads/PDF/brandnews/Dezember_2009_de/
Markenclaims_Endmark_Studie.pdf, Stand 20.12.2010

Schilling, P. (2006): Studie über die Verbreitung von Plagiarismus und Gegenmaßnahmen
in Werbeagenturen in Deutschland. URL:
http://www.priormart.com/pdf/studie_werbeagenturen_2006.pdf, Stand 29.12.2010

Wieduwilt, H. (2009): Die Idee hat ihren Preis – aber keinen Schutz. URL: http://www.hv-
law.de/presse/14_JurisRechtsportal_29072009.pdf, Stand 29.07.2009

Zentralverband der deutschen Werbewirtschaft e.V. (2010): Medien verlieren 2 Milliarden
Werbe-Euro netto: Werbemarkt sackt um 6 Prozent.
URL: http://www.zaw.de/index.php?menuid=33, Stand 17.12.2010

Zentralverband der deutschen Werbewirtschaft e.V. (2010): Netto-Werbeeinnahmen
erfassbarer Werbeträger in Deutschland. URL: http://www.zaw.de/doc/Netto-
Werbeeinnahmen_2009.pdf, Stand 14.01.2011

Olaf Borngräber

Rechtlicher Schutz von Webseiten

Wie kann ich meine Internetseite vor

Nachahmung schützen?

Diplomica 2010 / 124 Seiten / 49,50 Euro

ISBN 978-3-8366-8266-4

EAN 9783836682664

Seit Erfindung des Internets in den 90er Jahren nimmt nicht nur die Zahl der Nutzer, sondern auch die Zahl der Webseiten stetig zu. Was damals noch als Forschungs- netzwerk gedacht war, wird heute für die verschiedensten Einsatzgebiete verwendet.

Neben einer ständig wachsenden Anzahl von Privatpersonen, die mit einer eigenen Webseite im Internet vertreten ist, ist es für Unternehmen heutzutage geradezu existentiell: Die eigene Webseite ist ihre Visitenkarte und damit zu einem nicht mehr wegzudenkenden Marketingtool avanciert. Daher ist es gerade für sie, aber auch für jeden anderen Webseiten-Betreiber wichtig, dass die eigene Seite und damit verbunden, die Informationen und eigene kreative Leistung, nicht ohne Strafe nachgeahmt werden können.

In diesem Buch werden die durch die deutsche Gesetzgebung gegebenen Möglichkeiten untersucht, eine Webseite oder auch nur Teile dieser rechtlich vor Nachahmung zu schützen. Hierzu erläutert Olaf Borngräber nicht nur die gängigen Webtechniken, auch die Eigenschaften der betrachteten Gesetze Urheber-, Geschmacksmuster-, Marken- und Wettbewerbsrecht werden in den jeweiligen Kapiteln von ihm erklärt. Darüber hinaus führt er Beispiele aus der Rechtsprechungspraxis an, die dem Leser bei der Einschätzung der Schutzrechtssituation der eigenen Webseite helfen sollen.

Björn Buchgeister

Werbung mit Geschäftsbeziehungen aus wettbewerbsrechtlicher Sicht

Diplomica 2010 / 108 Seiten / 39,50 Euro

ISBN 978-3-8366-8964-9

EAN 9783836689649

Unternehmen werben gerne mit ihren attraktiven Geschäftsbeziehungen. Dabei offenbaren sie ihren potentiellen Kunden, woher ihre Produkte stammen, von welchen Zulieferern Bestandteile verarbeitet worden sind oder welche Firmen die entsprechenden Waren oder Dienstleistungen verwenden bzw. in Anspruch nehmen.

Aus dieser Art der Werbung ergeben sich sowohl Chancen als auch Risiken für das werbende Unternehmen. Björn Buchgeister greift dieses spannende Thema auf, das bisher in der Literatur, trotz seiner erheblichen Relevanz für die Unternehmen, noch wenig Beachtung fand und betrachtet es sowohl unter juristischen als auch betriebswirtschaftlichen Aspekten.

Die Werbung mit Geschäftsbeziehungen wird umfassend aus markenrechtlicher und lauterkeitsrechtlicher Sicht behandelt. Hierbei werden auch mögliche Überlegungen des (rechtswidrig) Werbenden sowie des Rechteinhabers verdeutlicht.

Das Buch schließt mit praktisch verwertbaren Ergebnissen in Thesenform ab. Es richtet sich an Entscheidungsträger in der Wirtschaft, im Betrieb und an Rechtsberater.

Nico Gronau

Europäisches Urheberrecht

Weiterer Harmonisierungsbedarf oder ein
einheitliches Europäisches Urheberrechtsgesetz?

Diplomica 2010 / 184 Seiten / 49,50 Euro

ISBN 978-3-8366-8985-4

EAN 9783836689854

Das Buch widmet sich der Frage, ob und inwieweit im Bereich des Urheberrechts zusätzlicher europarechtlicher Regelungsbedarf besteht. Der Autor zeigt auf, ob dieser Handlungsbedarf des Gemeinschaftsgesetzgebers besser durch Harmonisierungs-maßnahmen erfüllt werden kann oder ob ein einheitliches Europäisches Urheberrechtsgesetz eine vorteilhaftere Lösung darstellen würde.

Beginnend mit allgemeinen Erläuterungen zum Charakter und den Quellen des Europarechts sowie ergänzenden Betrachtungen zu internationalen Urheberrechts-abkommen, die Einfluss auf das Gemeinschaftsrecht haben, erläutert der Autor die europarechtlichen Zuständigkeiten des Gemeinschaftsgesetzgebers für den Bereich des Urheberrechts. Anschließend werden die materiell-rechtlichen Sachfragen des Urheberrechts aus dem acquis communautaire herausgearbeitet. Nach denselben Kriterien werden die nationalen Regelungen von Deutschland, Polen, Ungarn, Estland und Großbritannien untersucht.

Die hieraus resultierenden Ergebnisse nutzt der Autor zu einem grafisch unterstützten Vergleich des europäischen Schutzniveaus mit dem der nationalen Urheberrechts-ordnungen. Ergänzend werden Sachverhalte zusammengetragen, die als regelungsbedürftig erachtet werden. Die Multimediaprodukte stehen hierbei im Fokus.

Alexander Grieger
Corporate Crime und Compliance
Die straf- und zivilrechtliche Verantwortlichkeit
eines börsennotierten Industriekonzerns und
dessen Organe
für Wirtschaftsdelikte seiner Mitarbeiter

Diplomica 2010 / 220 Seiten / 49,50 Euro

ISBN 978-3-8428-5316-4

EAN 9783842853164

Dieses Fachbuch, das durch die „Causa Siemens" inspiriert wurde, stellt einzelne Wirtschaftsdelikte vor, mit welchen auf Grund der besonderen Strukturen eines börsennotierten Industriekonzerns vermehrt gerechnet werden muss. Ausgehend von diesem Fundament wird zuerst die strafrechtliche, dann die zivilrechtliche Verantwortlichkeit von Unternehmensorganen sowie des Unternehmens an sich beleuchtet. Zuletzt werden kurz einzelne Instrumente vorgestellt und bewertet, welche zur Begrenzung von Verantwortlichkeiten häufiger diskutiert werden.

Die Besonderheit dieses Buches besteht darin, dass die Themen nicht nur aus Richtung eines Rechtsgebietes, d.h. Strafrecht oder Zivilrecht, sondern aus Sicht beider Denkweisen umfassend dargestellt werden. Daneben fließen auch Ansatzpunkte aus der betriebswirtschaftlichen Praxis mit ein, die dieses Fachbuch sowohl für Einsteiger als auch Fortgeschrittene gleichermaßen interessant machen dürften.

Dieses Fachbuch basiert auf einer im Jahr 2008 im Studiengang Internationales Wirtschaftsrecht an der Friedrich-Alexander-Universität Erlangen-Nürnberg eingereichten Abschlussarbeit, welche im Jahr 2010 mit dem Luise Prell-Stiftungspreis für hervorragende wissenschaftliche Abschlussarbeiten ausgezeichnet wurde.

Sarah C. Strauss
Neukundengewinnung und Kundenbindung
im Internethandel unter Berücksichtigung
rechtlicher Aspekte
Neukundengewinnung und Kundenbindung im
Internethandel unter Berücksichtigung
rechtlicher Aspekte

Diplomica 2011 / 164 Seiten / 49,50 Euro

ISBN 978-3-8428-5613-4

EAN 9783842856134

Heute ist das Internet als Kommunikationsmedium sowie als Transaktionsplattform selbstverständlich. Seit im Jahr 1995 auch die kommerzielle Benutzung des interaktiven Mediums zugelassen wurde, ist ein Ende des Wachstums, besonders für den Onlinehandel, nicht abzusehen. Der Onlinehandel ist der umsatzstärkste Versandhandelszweig in Deutschland. Durch das schnelle Voranschreiten der "digitalen Welt" haben sich die Marktbedingungen grundsätzlich geändert. Für Onlinehändler ist es aufgrund der steigenden Markttransparenz und des höheren Informationsgrades der Kunden schwieriger geworden eine Beziehung zu den Kunden aufzubauen. Auf der anderen Seite bietet das Internet vielfältige Möglichkeiten, die Konsumenten anzusprechen und persönliche Daten zu generieren. Die virtuelle Neukundengewinnung und Kundenbindung stellen daher eine Herausforderung für jedes im Internet vertretene Unternehmen dar.

Diese Untersuchung setzt sich mit Instrumenten und Maßnahmen der Neukundengewinnung sowie Kundenbindung im Internethandel auseinander. Ziel ist die Beantwortung der Fragestellung, ob die ausgewählten kundenpolitischen Aspekte mit dem deutschen Rechtsrahmen, insbesondere des UWG, zu vereinbaren sind und darüber hinaus eine nachhaltige Wirkung entfalten.

www.ingramcontent.com/pod-product-compliance
Lightning Source LLC
Chambersburg PA
CBHW050913030726
47586CB00005B/1558